W0414146

Übungsreihen für Geistigbehinderte
Heft H 2

Monika Köhnen

Freiarbeit macht Spaß

Hinführungsmöglichkeiten / Materialien /
Anregungen für die Unterrichtspraxis

Übungsreihen für Geistigbehinderte

– Konzepte und Materialien –

Hrsg. Susanne Dank

H: Schwerpunkte der Förderung **Heft H 2**

Monika Köhnen

Freiarbeit macht Spaß

Hinführungsmöglichkeiten / Materialien / Anregungen für die Unterrichtspraxis

verlag modernes lernen - Dortmund

Bedanken möchte ich mich bei den Schülern der Unterstufe 1 der Schule für Geistigbehinderte Schweich und den Pädagogischen Fachkräften Frau Roos und Frau Roth, die durch das Mitgestalten der Freiarbeitspraxis diese Arbeit möglich gemacht haben.

Gesamtherstellung: Löer Druck GmbH, Dortmund

Bestell-Nr. 3630 ISBN 3-8080-0385-5

Inhaltsverzeichnis

Übungsreihen für Geistigbehinderte?

Idee und Anliegen

Leider sind Konzepte und Arbeitshilfen für die Förderung und den Unterricht mit Geistigbehinderten immer noch rar. Häufig beziehen sich Eltern, Lehrer und Erzieher in Ermangelung geeigneter Materialien auf Inhalte und Vermittlungsformen der herkömmlichen Kindergarten- und Schulpädagogik. Diese werden jedoch den speziellen Bedürfnissen geistigbehinderter Schüler nur selten gerecht.

Sei es, daß der Lernstoff im Schwierigkeitsgrad zu weit „oben" ansetzt, daß die Lernschritte zu rasch aufeinander folgen und die breite Übungspalette fehlt oder aber, daß Themen angeboten werden, die dem Alter und den Interessen Geistigbehinderter einfach nicht so recht entsprechen.

Dieses Manko versuchen die „Übungsreihen für Geistigbehinderte" aufzuarbeiten, indem hier *notwendige* und *praxisorientierte* Förderinhalte systematisch und umfassend abgehandelt werden.

Geistigbehinderte müssen mit Hilfe *besonders* strukturierter Lerninhalte auf ein weitgehend selbständiges Leben vorbereitet werden. Wie eine Förderung in diesem Sinne aussehen kann, dokumentieren die „Übungsreihen für Geistigbehinderte" anschaulich und nachvollziehbar.

Die Auswahl der Einzelthemen orientiert sich dabei am geistigbehinderten Schüler und seiner Lebensumwelt, fragt nach so wichtigen Entscheidungskriterien wie:

- Hat das Thema Relevanz für die aktuelle oder zukünftige Lebenssituation Geistigbehinderter?
- Nimmt es in notwendiger Weise Bezug auf vorhandene Sachzwänge und objektive Gesetzmäßigkeiten?
- Vergrößert der Lernstoff die Handlungskompetenz, erweitert er den Aktionsradius der Schüler?
- Orientiert sich der Lerngegenstand ausreichend an ihren individuellen Bedürfnissen und Interessen?

In den Sonderschulen für Geistigbehinderte werden die Erziehungs- und konkreten Lernziele innerhalb von *fachorientierten Lehrgängen* (Schaffung sachgerechter Grundlagen in den einzelnen Fachbereichen) und *Vorhaben/Projekten* (Anwendung der erworbenen Kenntnisse und Fähigkeiten in praxisorientierten Aufgabenfeldern) verfolgt.

Eine entsprechende Systematik liegt auch den „Übungsreihen für Geistigbehinderte" zugrunde.

Die „Übungsreihen für Geistigbehinderte" stellen Beiträge zu den *Lehrgängen*

- Sprache (Lesen und Schreiben)
- UMZG (Umgang mit Mengen, Zahlen und Größen)
- Lebenspraktisches Training
- Arbeitslehre (Werktechnische Fächer, Hauswirtschaft)
- Wahrnehmungsförderung
- Sport
- Musik

in übersichtlichen Fördereinheiten vor. *Vorhaben* und *Projekte* werden in Form übertragbarer Dokumentationen für den Nachvollzug zugänglich gemacht.

Die Frage, für wen die „Übungsreihen für Geistigbehinderte" geschrieben werden, ist leicht zu beantworten: Für alle, die in der Förderarbeit mit Geistigbehinderten tätig sind – Lehrer, Erzieher, Eltern, Betreuer in Werkstätten, Heimen, Horten, Kindergärten, Freizeiten und Krankenhäusern.

Über Rückmeldungen und Kritik, Anregungen und Vorschläge von Leserseite würde ich mich als Herausgeberin der Hefte-Reihe sehr freuen. All jene, die mit ihrer Erfahrung, bisher geleisteter Unterrichtsarbeit, Materialiensammlungen und anderen Schätzen zum Gelingen der Reihe beitragen wollen, möchte ich ermutigen, sich an dieser Pionierarbeit zu beteiligen.

Susanne Dank

Freiarbeit macht Spaß

Freiarbeit – Was ist das ?

Die Ambivalenz, die im Begriff „Frei – Arbeit" mitschwingt, verdeutlicht die Intention dieser Methode. Frei ist für die Schüler die Entscheidung, was, wie, womit, mit wem und wie lange sie arbeiten möchten. Eingebunden ist die Freiheit durch die „Komponenten der Anstrengung, Konsequenz und Zielorientierung, die sich im Gegenpol Arbeit ausdrücken".(Schnabel 1996, S.9)

Freiarbeit ist *eine Form offenen Unterrichtes*, die selbstgesteuertes Lernen ermöglicht. Zugrunde liegt ein Menschenbild, das auf die Fähigkeiten des Kindes vertraut und die Erkenntnis, daß jedes Kind anders lernt, und selbstbestimmte Lernprozesse zu besserem Behalten und höherem Lernzuwachs führen.

Der Begriff „Freie Arbeit" stammt aus der Reformpädagogik, einer Pädagogik, die von den Bedürfnissen des Kindes ausging. Die verschiedenen reformpädagogischen Ansätze (Freinet, Montessori, Petersen, Gaudig) sind in ihrem Kern hochaktuell. Ihnen sind für die Gestaltung der Freiarbeit, insbesondere an einer Schule für Geistigbehinderte, wertvolle Anregungen zu entnehmen.

Für die Unterrichtsform Freiarbeit bildet eine ***vorbereitete Umgebung*** die *Grundlage.* Dieser Begriff stammt von Maria Montessori und bezeichnet die Lernumgebung, die vom Lehrer bewußt gestaltet wird. Durch Raumeinteilung und Materialbereitstellung sollen die Schüler zu sinnvollem Tun angeregt werden und sich die Umwelt ein Stück weiter erschließen. Hierbei kommt der gezielten Herstellung und Auswahl des Materials eine entscheidende Bedeutung zu.

Kern der Freiarbeit ist die ***freie Wahl***. Der Schüler entscheidet sich frei für ein Material und nimmt somit Einfluß auf den Lerninhalt und das Lernziel. Er wählt seinen Arbeitsplatz und eventuelle Partner selbst aus. Er bestimmt die Anzahl der Wiederholungen und die Dauer seiner Arbeit. Für die Schüler ist die freie Wahl ein Weg zum Entdecken eigener Bedürfnisse und Fähigkeiten, sie ermöglicht individuelle Lernfortschritte und fördert die Motivation.

Wichtigstes *pädagogisches Prinzip* ist die ***Selbsttätigkeit.*** Selbsttätigkeit und Bewegung haben grundlegende Bedeutung für die Persönlichkeitsentwicklung und den Aufbau der Intelligenz. Durch die vorbereitete Umgebung soll dem Schüler Gelegenheit zu Aktivität und entdeckendem Lernen gegeben werden. Mit Materialien unterschiedlicher Sinnesqualität und dem Ermöglichen verschiedener Sozialformen wird dem Prinzip der ***Ganzheitlichkeit*** entsprochen. Freiarbeit regt den Schüler in seiner Gesamtheit an und berücksichtigt gleichermaßen kognitive, instrumentelle, emotionale und soziale Aspekte.

Die Ziele der Freiarbeit liegen in einer umfassenden Persönlichkeitsentwicklung des Schülers:

- Förderung der Selbständigkeit
- Wecken und Aufrechterhalten der Freude am Lernen
- Aufbau einer positiven Arbeitshaltung
- Entwickeln des Verantwortungsbewußtseins für das eigene Lernen
- Verbessern der Kommunikations- und Kooperationsfähigkeit
- Fördern einer realistischen Selbsteinschätzung
- Stärkung des Selbstvertrauens

Freiarbeit ermöglicht Differenzierung und Individualisierung hinsichtlich Interessen, Lerntempo, Lerntyp und Leistungsfähigkeit.

Geistigbehinderte Schüler und Freiarbeit?

Geistigbehinderte Schüler haben „beträchtliche Intelligenzminderleistungen, weisen eine langsamere und unregelmäßigere Entwicklung auf, eine reduzierte Weltoffenheit, ein Weniger an Entwicklungs,- Entfaltungs- und Selbstverwirklichungsmöglichkeiten, einen seelisch-geistigen Rückstand um mehr als ein Drittel, Eingeengtheit des Lernfeldes auf Lebenspraktisches, Festgelegtheit auf anschaulich-vollziehendes Lernen, extreme Verlangsamung und zeitliche Begrenztheit der Lernprozesse, u.ä." (Grampp, S.9)

Das beschriebene Lernverhalten läßt auf den ersten Blick die Einführung der Freiarbeit für geistigbehinderte Schüler wenig sinnvoll erscheinen. Werden doch für diese Unterrichtsform als Voraussetzungen beim Schüler genannt: Fähigkeit:

- Entscheidungen zu treffen
- Material sachgerecht zu benutzen

- eine Arbeit zu Ende zu führen
- eigene Lernprozesse zu bewerten
- unterschiedliche Tätigkeiten in einem Raum zu ertragen
- sich mit anderen abzusprechen (Breuer, S.19)

Vergleicht man jedoch die Ziele und die pädagogischen Prinzipien der Freiarbeit mit dem pädagogischen Auftrag und den Unterrichtsprinzipien der Schule für Geistigbehinderte, läßt sich eine große Übereinstimmung feststellen:

„Es ist der pädagogische Auftrag der Schule, den Geistigbehinderten zur Selbstverwirklichung in sozialer Integration zu führen" (Lehrplan Rheinland-Pfalz, S.8). Hieraus leitet Bach folgende Ziele ab: Mündigkeit (....selber wählen, Entscheidungen treffen.....), Erfülltheit (...Vertrauen, Selbstvertrauen...), Tüchtigkeit (...Selbständigkeit, Arbeitshaltung, eigene Ansprüche erkennen...), Lernfähigkeit, Integrationsfähigkeit (vgl. Grampp, S.3 f).

Als didaktische Grundsätze des Unterrichtes nennt der Bayerische Lehrplan „Ganzheitlichkeit, Selbsttätigkeit, Lebensunmittelbarkeit, soziales Lernen und Individualisierung" (S.347f).

Die Übereinstimmungen zeigen, daß sich geistige Behinderung und Freiarbeit nicht ausschließen. Diese Unterrichtsform erscheint im Gegenteil besonders geeignet, die genannten Ziele zu erreichen:

Die Möglichkeit der intensiven Beschäftigung mit einem Gegenstand, die beliebige Wiederholung einer Übung gibt dem Schüler Sicherheit und Vertrauen in die eigene Leistung , er lernt, sich selbst einzuschätzen. Durch die selbsttätige Auseinandersetzung wird er selbständiger, er lernt selbst Lösungen zu finden und auch ohne Lehrer aktiv zu sein. Die freie Wahl gibt dem Schüler die Möglichkeit, eigene Interessen herauszufinden und zu entwickeln. Das entwicklungsgemäße Material weckt und erhält die Lernfreude, trägt zur Entwicklung einer positiven Arbeitshaltung bei und ermöglicht in größerem Maße individuellen Lernzuwachs.

Auch in anderen Schularten muß die Praxis der Freiarbeit selbst dazu beitragen, ihre Voraussetzungen zu schaffen. Dieser Aspekt, daß sich die Voraussetzungen beim Schüler im Verlaufe der Freiarbeit mehr und mehr entwickeln, kommt in der Schule für Geistigbehinderte besonders zum Tragen. Der Lehrer muß die Schüler dort abholen, wo sie stehen und sie allmählich und Schritt für Schritt an die neue Unterrichtsform heranführen. Selbstbestimmte Arbeitsweisen müssen langsam aufgebaut und gelernt werden. Die Voraussetzungen für die Freiarbeit stellen also für die Schüler die direkten Lernziele dar, zum Beispiel:

- sich im Materialregal orientieren
- sich für ein Material entscheiden
- sich auf seine Aufgaben konzentrieren
- möglichst selbständig arbeiten, die Arbeit beenden und den Arbeitsplatz aufräumen
- Lernmaterial sachgerecht benutzen und mit Selbstkontrollen umgehen
- auf andere Rücksicht nehmen.

Die Einführung der Freiarbeit gelingt um so besser, je mehr die neue Unterrichtsform in enger Verbindung zum übrigen Unterricht gestaltet wird. Es ist förderlich, wenn der gesamte Schulalltag Aspekte selbstbestimmten Lernens mit einbezieht und umgekehrt auch die in der Freiarbeit erworbenen Fähigkeiten und Kenntnisse im übrigen Unterricht ihre Anwendung und Berücksichtigung finden.

Abbildung 1: Daniela bildet mit Hilfe der Metallnen Einsätze Formen ab und gestaltet diese mit Mustern aus

Didaktisch-methodische Überlegungen zum Freiarbeitsmaterial

Das Material ist das entscheidende Element der Freien Arbeit. In dieser Unterrichtsform wird die unverzichtbare Führung in das didaktische Material gelegt. Bei der Auswahl und Bereitstellung müssen der Entwicklungsstand und die Interessen der einzelnen Schüler sorgfältig und mit Sensibilität beobachtet und berücksichtigt werden. Es ist nicht beliebig, mit welchem Gegenstand ein Schüler arbeitet, sondern es muß sich um ein Material handeln, das gezielte, auf den Einzelnen abgestimmte Lernprozesse ermöglicht. Das entwicklungsgemäße Material fördert die Selbsterziehung und befähigt den Schüler zu einem vom Erwachsenen unabhängigen Lernen.

Abbildung 2: Marina „begreift" anhand der Braunen Treppe die Eigenschaften „dick-dünn"

Die Arbeitsmittel sind kein Anschauungsmittel, das der Lehrer benutzt, sondern Erfahrungsmaterial für die Hand des Schülers. Im Umgang mit ihm schult er seine körperliche Geschicklichkeit, gewinnt Erfahrungen, erweitert Kompetenzen und festigt neu erworbenes Wissen. Hieraus ergeben sich unter Berücksichtigung der Schüler der Schule für Geistigbehinderte folgende

Kriterien für die Materialherstellung/beschaffung

– *Entwicklungsgemäßheit:*

Das Material muß auf das individuelle Förderbedürfnis, die Interessen und das Alter der Schüler abgestimmt sein.

– *Strukturiertheit:*

Das Material sollte sich auf ein Lernziel beschränken, eine klare Aufgabenstellung beinhalten, selbständiges Arbeiten und Wiederholungen oder Variationen ermöglichen.

– *Selbsttätigkeit:*

Das Material sollte nicht nur bloßes Handeln bewirken, sondern das Ordnen von Erfahrungen ermöglichen. Dies setzt die Berücksichtigung des sensorischen und motorischen Entwicklungsstandes voraus.

– *Stabilität:*

Ein Material muß vielfache Anwendungen, evt. auch eine nicht sachgemäße Behandlung aushalten. Arbeitsmittel aus Papier oder Pappe sollten deshalb mit Selbstklebefolie haltbar gemacht werden.

– *Selbstkontrolle:*

Selbstverantwortliches Lernen setzt voraus, daß möglichst jedes Material eine vom Lehrer unabhängige Kontrolle ermöglicht. Folgende Gestaltungsmöglichkeiten haben sich bewährt:

– Farbmarkierungen, Formmarkierungen, Ecken (Puzzleprinzip)

– bei der isolierten Schulung eines Sinnes wird das Ergebnis vom Schüler selbst durch einen anderen Sinn geprüft

– das Material beinhaltet eine Kontrolle: es ist nach seiner Bearbeitung stimmig

– Kontrolle durch den Partner

– Vergleich einer Vorlage, hierbei muß der Schüler fähig sein, genau zu vergleichen.

– *Arbeitsdauer:*

Die Unterteilung in kurze, schnell zu bearbeitende Einheiten, die erweitert werden können, vermittelt Erfolgserlebnisse und erlaubt dem Schüler, die Dauer seiner Arbeit selbst zu bestimmen.

– *Einmaligkeit:*

Jedes Material wird nur einmal bereitgestellt, um bei den Schülern Einigungsprozesse in Gang zu setzen. Gleichzeitig verhindert man, daß ein Arbeitsmittel nur genommen wird, weil der Nachbar gerade damit arbeitet und fördert so die Entwicklung echter Entscheidungen. Auch die Fähigkeit, einen Wunsch aufzuschieben wird geübt.

– *Ästhetik:*

Das Material muß den Schüler reizen, es in die Hand zu nehmen. Ästhetisch gestaltetes Material erhöht nicht nur die Freude damit zu arbeiten, sondern fördert auch die Wertschätzung für die Dinge und entwickelt den Sinn für das Schöne. Auch die Verpackung ist eine nicht zu unterschätzende Herausforderung. Kästchen, Schälchen, Tabletts aus Holz sind wohl am schönsten.(Vielleicht gibt es einen Hobbydrechsler im Bekanntenkreis?). Die Verpackung muß jedoch auch auf das Material abgestimmt sein, z.B. ist bei Umschüttübungen mit Wasser einem Kunststofftablett der Vorzug zu geben. Im Materialteil ist unter dem Punkt 1 jeweils auch ein Vorschlag zur Präsentation angegeben.

Nicht jedes Material kann alle Kriterien erfüllen, es sollte jedoch möglichst vielen entsprechen.

Materialauswahl

Die richtige Zusammenstellung des Materials ist eine schwierige und für den Erfolg der Arbeit entscheidende Aufgabe. Neben der Berücksichtigung der oben genannten Kriterien sollte auf ein breites Angebot geachtet werden. Folgende Einteilung der Materialien soll dies erleichtern.

- *Materialien zur Wahrnehmungsförderung:* diese zielen auf die Schulung der einzelnen Sinne und deren Zusammenspiel, sowie das Verbinden der Sinneseindrücke durch Ordnen.
- *Materialien zur Förderung der Motorik:* Materialien, die Übungen des täglichen Lebens im überschaubaren Rahmen ermöglichen, schulen die Bewegungskoordination und lenken den Bewegungsdrang.
- *Materialien, die aus dem Vorhabenunterricht erwachsen:* Vorhabenunterricht und Freiarbeit müssen sich gegenseitig ergänzen.
- *Materialien, die aus fachorientierten Lehrgängen entstammen:* Umgang mit Mengen und Zahlen, Lesen und Schreiben, Gestalten, Musik, Arbeitslehre,.....
- *Kreativmaterialien:* diese regen zu kreativem Tun an, sind jedoch auch durch Sachbezogenheit charakterisiert.

Zur Grundausstattung sollten Materialien aus allen aufgeführten Gruppen gehören, die Anzahl variiert nach dem Entwicklungsstand, dem Alter und den Interessen der Schüler einer Klasse. So wird sich sicherlich in einer Unterstufe ein größeres Angebot an Arbeitsmitteln zur Wahrnehmungsförderung finden als in einer Oberstufe.

Für die Freiarbeitspraxis werden im Materialteil eine Auswahl geeigneter Arbeitsmittel vorge-

Abbildung 3: Marina unterscheidet die Geräuschqualitäten „laut-leise" (Material zur Wahrnehmungsförderung)

Abbildung 4: Patrick schöpft Reis mit einem Löffel in ein Gefäß mit enger Öffnung (Material zur Förderung der Motorik)

Abbildung 5: Tobias ordnet „Fingerkärtchen“ Zahlen und Würfelbilder zu (Material aus dem Lehrgang: Umgang mit Mengen und Zahlen)

Abbildung 6: Tobias malt mit Aquarellfarben eine Kerze (Material zur Förderung der Kreativität)

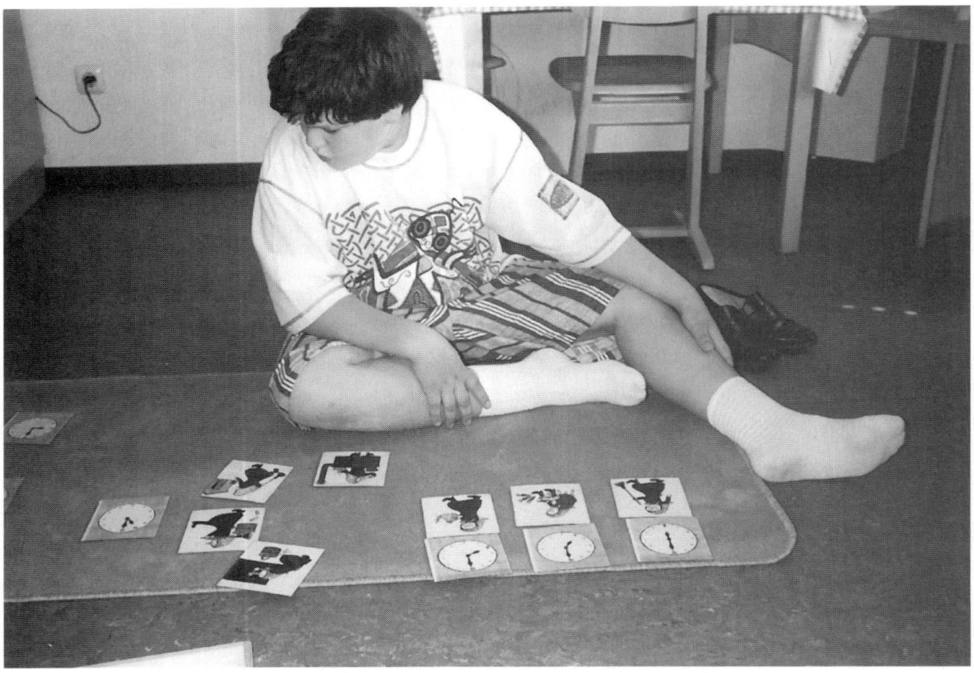

Abbildung 7: Patrick ordnet den Handlungen der kleinen Hexe die entsprechenden Uhrzeiten zu (Material aus dem Vorhabenunterricht, Thema „Hexen“)

stellt. Weitere Anregungen für die eigene Herstellung können der Literatur zum Thema für den Grundschulbereich entnommen werden. (siehe Anhang)

Ausdrücklich hingewiesen sei auf die von Maria Montessori entwickelten Materialien zur Förderung der Sinne, zum selbsttätigen Lesen, Schreiben und Rechnenlernen und zum Sachunterricht, da diese den Bedürfnissen geistigbehinderter Schüler in besonderem Maße entsprechen.

Organisation der Freiarbeit

Wichtige Voraussetzung für die Einführung der Freiarbeit ist eine entsprechende räumliche, zeitliche und personelle Organisation.

Räumliche Organisation

Der Raum muß den besonderen Erfordernissen der Freiarbeit angepaßt werden. Verschiedene Aktivitätszonen (Mal- und Basteltisch, Spielekke,...) und eine wohnliche Ausgestaltung des Klassenzimmers gehören in einer Schule für Geistigbehinderte in der Regel ohnehin schon zum Konzept, so ist die Bedingung, daß unterschiedliche Tätigkeiten zur gleichen Zeit möglich sein müssen, bereits erfüllt. Arbeitsplatz kann überall sein, auch auf dem Fußboden. Kleine Teppiche (70 x 120cm) bieten hier die ideale Voraussetzung. (Als Restposten günstig erhältlich.)

Sie finden bei den Schülern großen Anklang, da sie damit auf dem Fußboden ihr „Revier“ abgrenzen können, ausreichend Platz zum Ausle-

Abbildung 8: Daniela ordnet geometrischen Körpern Abbildungen von Gegenständen zu

gen der Materialien haben und in verschiedenen Positionen arbeiten können. Das Aufrollen impliziert eine gute Schulung der Bewegungskoordination. Praktisch ist die Aufbewahrung in einem kleinen Teppichständer.

Unbedingt notwendig ist das Aufstellen offener Regale in kindgerechter Höhe, die eine übersichtliche, leicht zugängliche und nach Lernbereichen getrennte Darbietung der Materialien erlauben. Übereinander gestapelte Materialien sind für die Schüler unübersichtlich und uninteressant. Einzeln nebeneinander plazierte Arbeitsmittel erleichtern das Auffinden und Einräumen, Drängeleien werden verhindert. Jedes Material hat seinen festen Platz, ohne diese Voraussetzung wird die Orientierung für geistigbehinderte Schüler nicht ausreichend möglich.

Alle Lernmittel, mit denen die Schüler nicht selbständig arbeiten können, sollten in geschlossenen Schränken aufbewahrt werden und es sollten keine überflüssigen Dinge da sein, die zu unsinnigen Tätigkeiten verführen. Für die Aufbewahrung persönlicher Dinge bietet sich ein Schubladenschrank an, falls nicht genug Raum für das Aufhängen und Auslegen von Schülerarbeiten da ist , kann man vielleicht den Flur mit einbeziehen.

Wichtig ist auch eine eindeutige räumliche Trennung von Materialien für die Freiarbeit und Materialien für das Freispiel.

Diese „geordnete Umgebung“, in der nach Maria Montessori durch feste äußere Ordnung auch eine innere Ordnung und Ruhe erreicht wird, macht um so mehr Spaß, wenn sie mit den Schülern gemeinsam entsteht.

Zeitliche Organisation

Die zeitliche Organisation wird von äußeren Faktoren, z.B. Gliederung des Schultages, beeinflußt, die von Schule zu Schule unterschiedlich sind. Zu beachten ist jedoch ein klares Einbinden der Freiarbeit in den Schulalltag. Die neue Unterrichtsform sollte einen festen Platz im Stundenplan haben und auch dort ausgewiesen werden. (Stundenplansymbol siehe Anhang). Die Erfahrung zeigt, daß die Freiarbeit den Schülern sehr wichtig wird, und sie gerne im Stundenplan nachsehen, wann sie dafür wieder Gelegenheit haben. Außerdem wird so

Abbildung 9: Erstes Materialregal, links daneben: Teppichständer mit 3 Teppichen

dokumentiert, daß es sich bei dieser Unterrichtsform um vollwertigen Unterricht handelt. Günstig für den Erfolg ist es, eine feste Zeit zu reservieren, z.B. gleich nach Schulbeginn oder nach der Hofpause und dies am besten täglich. Wie bei den anderen im Stundenplan ausgewiesenen Aktivitäten, bleibt man natürlich auch hier flexibel für besondere Unternehmungen.

Grundsätzlich kann die Unterrichtsform Freiarbeit in jeder Stufe eingeführt werden, auch mit Schülern, die den Zeitraum von einer Woche noch nicht überblicken, nicht lesen können oder nicht sprechen. Ideal wäre es, in der Unterstufe zu beginnen.

Die Dauer einer Freiarbeitsphase ist abhängig vom Alter, Lernverhalten und den bereits gemachten Freiarbeitserfahrungen einer Klasse.

Das Ende der Phase kann geschlossen oder offen gestaltet werden. Während bei der geschlossenen Form alle gleichzeitig aufhören, bestimmt bei der offenen Form jeder Schüler selbst die Dauer seiner Arbeit, organisatorisch möglich ist dies zum Beispiel durch einen fließenden Übergang von der Freiarbeit zum Freispiel.

Personelle Organisation

Da die Einstellung des Lehrers nicht unerheblich zum Gelingen der Freiarbeit beiträgt, ist ein gut funktionierendes team-teaching sehr wichtig. (vgl. Zur Rolle des Lehrers).

Ablauf einer Freiarbeitsphase

Eine Unterrichtseinheit zur Freiarbeit umfaßt idealtypisch 4 Teile: Vorgespräch, Arbeitsphase, Abschlußphase, Nachgespräch (Reflexion).

Im Vorgespräch werden die Grundprinzipien der Freiarbeit immer wieder aktualisiert. Die Schüler überlegen was, wo und mit wem sie arbeiten möchten. Nach Bedarf werden auch die während der Freiarbeit geltenden Regeln thematisiert.

In der Hauptphase, der Arbeitsphase, holen sich die Schüler ihr Material, suchen einen Arbeitsplatz, richten diesen ein und arbeiten. Der Lehrer beobachtet und hilft bei Bedarf.

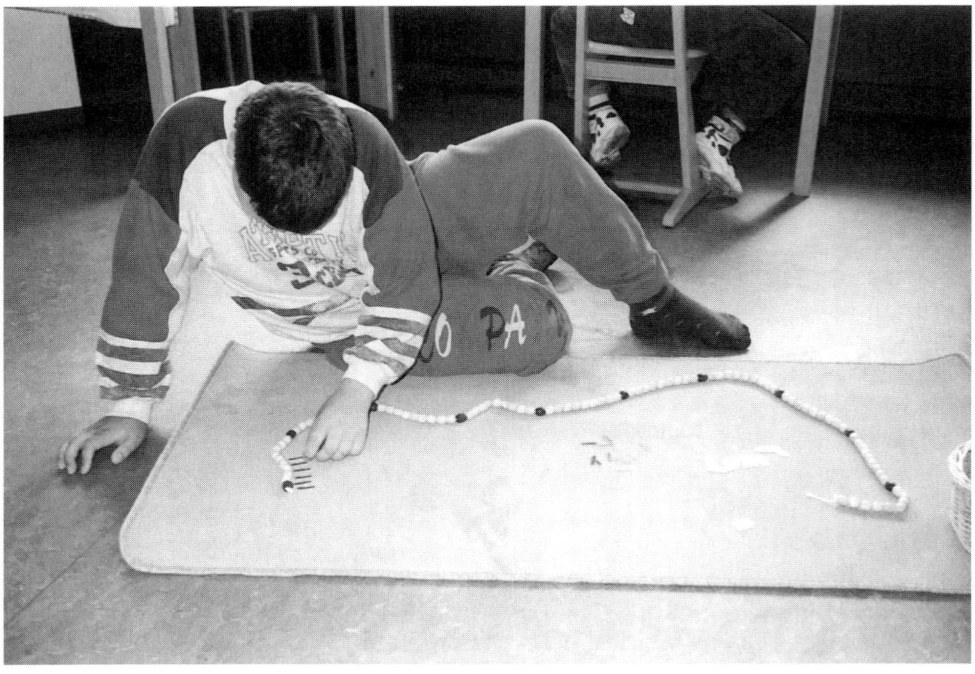

Abbildung 10: Patrick arbeitet mit der Hunderterkette

Die Abschlußphase wird durch die Vorankündigung des Lehrers eingeleitet. Die Schüler beenden ihre Arbeit allmählich, räumen den Arbeitsplatz auf und dokumentieren in ihrer Freiarbeitsmappe ihre Arbeit. Wer fertig ist, schaut den Mitschülern zu.

Im Nachgespräch zeigen oder berichten die Schüler sich gegenseitig, was sie gearbeitet haben und es werden aufgetretene Probleme besprochen.

Bei einem offenen Ende der Freiarbeit gibt es keine Vorankündigung des Lehrers, sondern jeder Schüler beginnt individuell mit der Abschlußphase und holt sich, wenn er fertig ist, etwas zu spielen. Das Nachgespräch im Anschluß an das Freispiel stellt sehr hohe Anforderungen an die Schüler. Gibt man einem offenen Ende den Vorzug, bietet sich als Alternative zur täglichen Reflexion ein Wochenabschlußgespräch an.

Auf keinen Fall sollte auf das Reflexionsgespräch ganz verzichtet werden, da dieses dem Bedürfnis der Schüler ihre Arbeit zu zeigen, entgegenkommt. Auch wenn in dieser Phase die Lehrerzentriertheit am schwersten abzubauen ist, werden langfristig folgende Verhaltensweisen angestrebt:

- Sich für die Arbeit anderer interessieren
- Mitschülern zuhören
- Eigenes Tun darstellen und möglichst verbalisieren
- Eigenes Verhalten einschätzen und bewerten
- Bedürfnisse der Mitschüler erkennen.

Freiarbeit – Wie führe ich hin?

Vor Einstieg in die Freiarbeit sollte das Team die schrittweise Hinführung, die dafür notwendigen Materialien und räumlichen Voraussetzungen, die mit den Schülern zu vereinbarenden Regeln und die Form der Dokumentation gründlich überlegen. Soll die Freiarbeit einen Teil des bisherigen Unterrichtes auch inhaltlich ersetzen, und die Möglichkeit des individuellen und sozialen Lernens dieser Unterrichtsform ausgeschöpft werden, muß ein Konzept zugrunde liegen. Das Team muß sich also Gedanken über den gesamten Ablauf machen und dies auch sehr persönlich, denn jeder hat seinen eigenen Stil und Vorstellungen, die abzusprechen sind. Beim Finden eines „Teamkonzeptes mit eigenem Pinselstrich" sind folgende Aspekte hilfreich:

Einstiegsmöglichkeiten

Grundsätzlich können 2 Einstiegsmöglichkeiten unterschieden werden:

- Allmählicher Einbau in den gewohnten Unterricht, z.B. anstelle der bisherigen Stillarbeitsphasen.
- Direkte Einführung, wobei die Schüler den Namen der neuen Unterrichtsform und ihren Kern, die freie Wahl, sofort und bewußt kennenlernen.

Unabhängig davon, welche Einführungsform gewählt wird, muß der Einstieg in kleinen Schritten erfolgen:

1.Phase: Einführung der freien Wahl und des selbständigen Arbeitens

Es ist sinnvoll, mit einer kleinen Anzahl bekannter Materialien zu beginnen, um eine Konzentration auf das Prinzip der freien Wahl zu ermöglichen. Arbeitsmittel, die vorwiegend Übungscharakter haben, erleichtern das selbständige Arbeiten und vermeiden eine Überforderung der Schüler und Lehrer, steht doch zu Beginn die Gewöhnung daran, daß jeder etwas anderes arbeitet, im Vordergrund.

2. Phase: Einführung in die freie Wahl des Arbeitsplatzes

Erst wenn die Mehrheit der Schüler in der Lage ist, sich weitgehend selbständig für ein Material zu entscheiden, sollte die freie Wahl des Arbeitsplatzes hinzukommen. Auch diese kann bewußt thematisiert werden, z. B. durch die Einführung der kleinen Teppiche und ihrer Handhabung. Das Suchen und Ausprobieren verschiedener Arbeitsecken macht den Schülern viel Spaß.

3. Phase: Einführung in die freie Wahl der Sozialform

Die Einführung einer anderen Sozialform setzt voraus, daß die Schüler unterschiedliche Tätigkeiten in einem Raum gewöhnt sind und sich durch die Arbeitsgeräusche der anderen nicht mehr so leicht ablenken lassen. Anhand geeigneter Materialien werden zunächst Partner-, später Kleingruppenarbeit erprobt und die dafür geltenden Regeln besprochen.

Auch die räumlichen Veränderungen sollten allmählich erfolgen. Zunächst genügt vielleicht das Aufstellen eines offenen Regals, in dem die ersten Materialien ihren Platz finden. Hilfreich für die Orientierung ist die Kennzeichnung mit Symbolkärtchen. Nach dem Prinzip des wachsenden Klassenzimmers kommen mit der Erweiterung des Materialangebotes weitere Regale hinzu, der Teppichständer hält Einzug, Arbeitsecken entstehen und werden genutzt.

Wichtig ist, sich und den Schülern die Zeit für allmähliche Veränderungen auf der Basis gemachter Erfahrungen zuzugestehen.

Abbildung11: Partnerarbeit: Tobias und Daniela ordnen Stifte den entsprechenden Farbtäfelchen zu

Einführung von Regeln

Freies Bewegen und Arbeiten in einem Raum kann nicht ohne Rücksicht und Grenzen gelingen. Solche Grenzen bilden zum Beispiel die Rechte der anderen Kinder oder das Material selbst. Lehrer und Schüler müssen gemeinsam bestimmte Regeln festlegen, an die sich alle halten wollen und müssen. Zunächst ist die Beschränkung auf wenige einfache Regeln sinnvoll, die am besten in Form von Symbolen gut sichtbar in der Klasse aufgehängt werden:

- ich arbeite leise
- ich beende meine Arbeit
- ich räume auf und trage in meiner Mappe ein, was ich gemacht habe

Nach Bedarf können weitere Vereinbarungen getroffen werden:

- ich lasse mich nicht von anderen ablenken
- auch bei der Partnerarbeit sind wir so leise, daß andere nicht gestört werden
- ich rufe nicht dauernd den Lehrer (Symbole siehe Anhang)

Die Absprachen können gleich zu Beginn oder beim Auftreten der ersten Probleme erfolgen. Dabei ist es nötig und auch möglich, Einsicht in die Notwendigkeit der Regeln anzubahnen und diese auch zu üben. Anhand der Geräuschdosen zum Beispiel können die Schüler gut erfahren, daß es beim Arbeiten im Raum nicht zu laut sein darf. Während jeweils ein Schüler die Geräuschqualitäten bestimmt, üben die anderen, bewußt leise durch den Raum zu gehen und sich einen Platz zu suchen.

Langfristig sollen die Schüler die Regeln verinnerlichen, zu diesem Prozeß trägt das *Verhalten des Lehrers* wesentlich bei. In der Einführungsphase der Freiarbeit muß der Lehrer deutlich Position beziehen und konsequent auf die Einhaltung der Vereinbarungen achten. Während der Freiarbeitsstunden muß er sich seiner Vorbildrolle bewußt sein, dies bedeutet:

- immer nur einen Schüler ansprechen, nie die ganze Klasse
- sehr leise sprechen
- wenn Unruhe aufkommt, nicht laut um Ruhe bitten, sondern die jeweiligen Schüler gezielt an die Regeln erinnern
- bei Doppelbesetzung erst hinterher Beobachtungen austauschen
- selbst intensiv arbeiten, z. B. mit einem Schüler, Beobachtungen notieren,...

Einführung einer Freiarbeitsmappe

Alle Schüler zeigen zu Hause gerne, was sie gearbeitet haben, Arbeitsblätter sind in der Freiarbeit jedoch nur ein Angebot unter vielen anderen. So entstand die Idee, eine Freiarbeitsmappe einzuführen und den Schülern die Möglichkeit zu geben, ihre Arbeit zu dokumentieren. Jeden Montag heften sie einen Protokollbogen (siehe Anhang) in ihren Ordner und tragen ihren Namen ein, bzw. einen Punkt in ihrer Farbe. Für die Schüler, die nicht lesen können, werden zur Erleichterung der Orientierung die Wochentage farbig gekennzeichnet. Haben die Schüler ihre Arbeit beendet, kleben sie ein entsprechendes Symbolkärtchen unter den Wochentag (siehe Abb. 13). Praktisch zur übersichtlichen Aufbewahrung der Symbolkärtchen sind Cassettenboxen aus Holz (siehe Abb. 12).

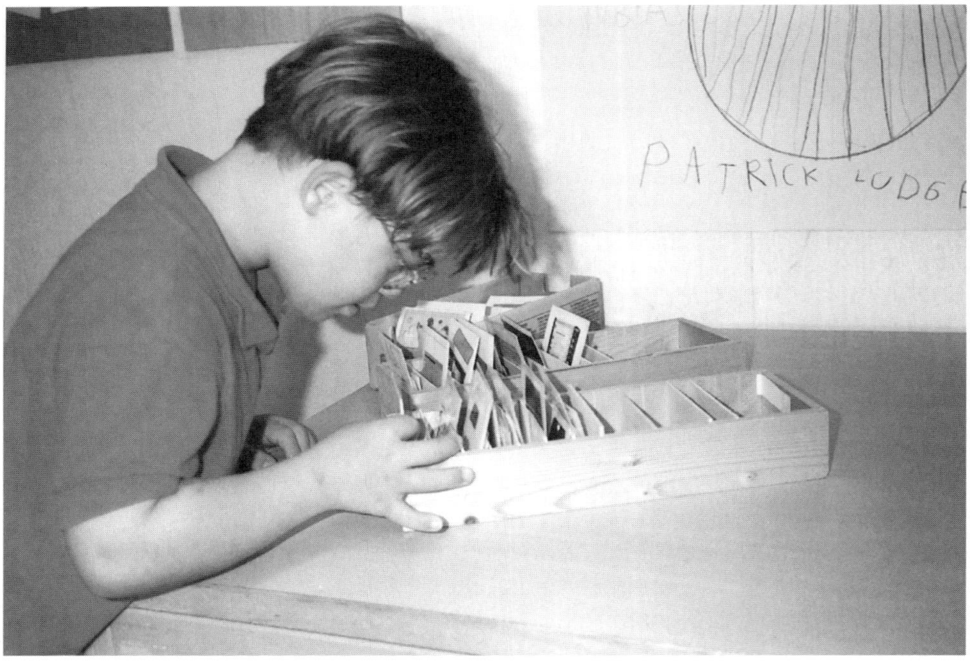

Abbildung 12: Tobias sucht ein Symbolkärtchen

Neben ihrer Bedeutung für die Schüler ist die Freiarbeitsmappe eine gute Grundlage für das Wochenabschlußgespräch. Die Schüler können nochmal nachsehen und anderen zeigen, was sie gearbeitet haben. Sie regt auch an, eigenes Tun zu reflektieren, so kann ein Schüler selbst sehen, wenn er jeden Tag das gleiche Material gewählt hat.

Einführung von Material

Neue Materialien können in der ganzen Klasse, einer kleinen Gruppe oder mit einem Schüler eingeführt werden. Bei Arbeitsmitteln, die aus

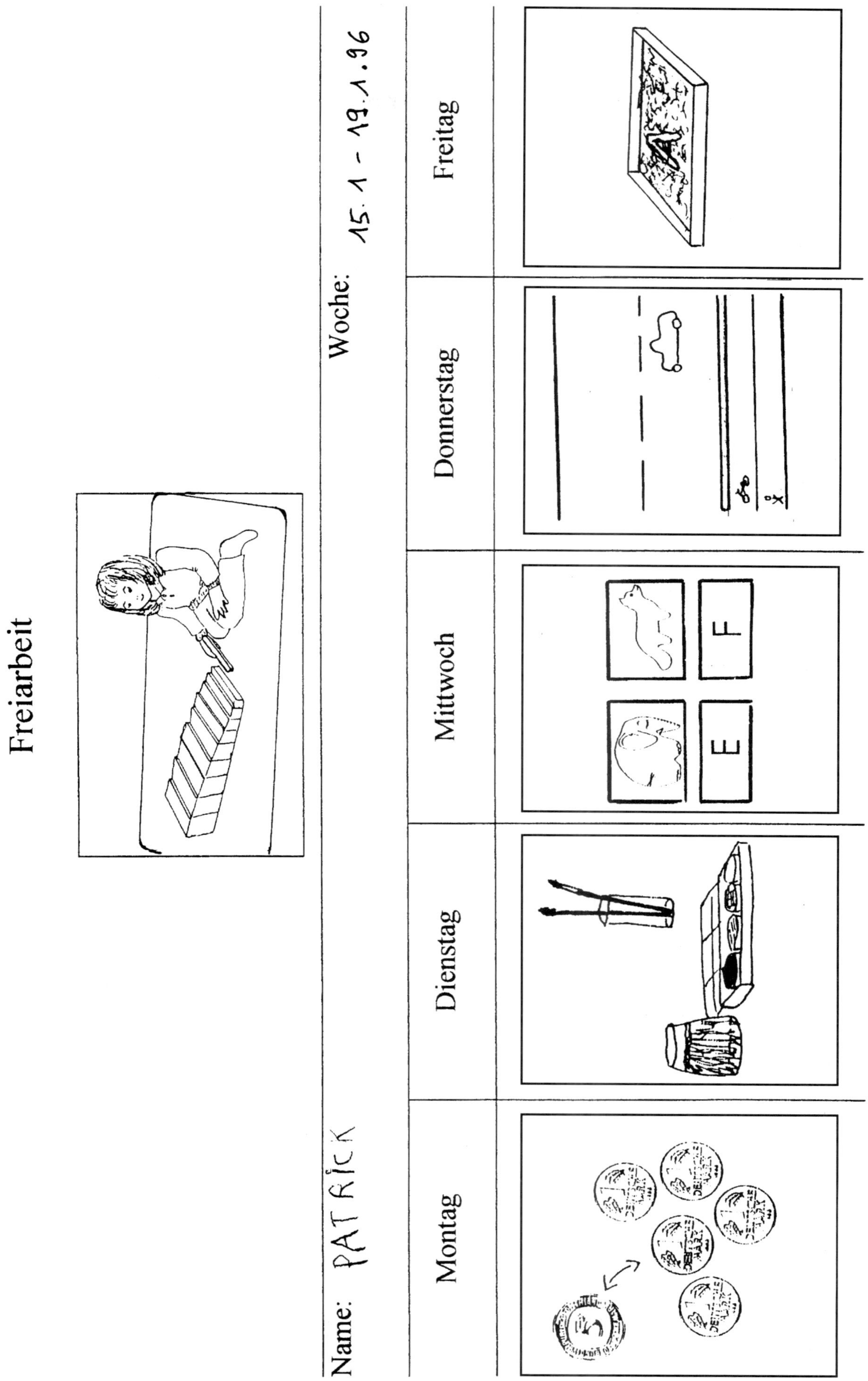

Vordruck für die Freiarbeitsmappe

Abbildung 13: Beispiel für einen ausgefüllten Protokollbogen

dem Vorhabenunterricht oder den fachorientierten Lehrgängen erwachsen, besteht die Möglichkeit, diese dort zu erproben. Materialien aus der Wahrnehmungsförderung, die sich für mehrere Schüler eignen, können in der Phase des Vorgespräches vorgestellt werden. Materialien, die speziell für einen Schüler erstellt sind, werden am besten während der Freiarbeit eingeführt.

Im Laufe der Freiarbeitspraxis haben wir (Lehrkräfte der U1 der SfG Schweich) uns für folgende Methode entschieden: An Tagen mit Doppelbesetzung zeigen wir ein neues Material zu Beginn einer Freiarbeitsstunde, die Schüler lernen Namen und Regalplatz kennen und erfahren, für welche Schüler es gedacht ist. Dann warten wir ab, bis sich ein Schüler mit ihm einläßt. Eine Lehrkraft setzt sich dazu und stellt sich bei der Einführung ganz auf diesen Schüler ein. Zeigen, Vormachen und erläuternde Anweisungen erfolgen betont langsam und im Flüsterton. Die Lehrkraft bleibt bei dem Schüler, wenn er die Arbeit danach selbst versucht und greift nur ein, wenn das Arbeitsmaterial nicht sachgerecht benutzt wird.

Unabhängig, für welche Methode man sich entscheidet, ist zu beachten, daß die Schüler:

- die Zielsetzung erfahren
- die Handhabung schrittweise und genau kennenlernen
- diese im praktischen Vollzug üben
- die Selbstkontrolle erst am Ende einsetzen
- auch das Einräumen sorgfältig, sachgerecht und ästhetisch vollziehen

Zur Rolle des Lehrers / Teamarbeit

Freie Arbeit zu praktizieren heißt für den Lehrer, sich als dominante Person zurückzunehmen und die Aktivität überwiegend dem Schüler zu überlassen, d.h. der Lehrer gibt seine direkte Leitung auf und wird zum Lernbegleiter des Schülers. Seine Aufgaben sind:

– *Beobachten*

Der Lehrer beobachtet genau, wie sich die Schüler während ihrer Entscheidungsfindung, im Umgang mit dem Material, der Selbstkontrolle, beim Aufräumen und in ihren sozialen Prozessen verhalten.

– *Helfen*

Der Lehrer sollte nur eingreifen, wenn der Schüler wirklich Hilfe braucht und dies so wenig wie möglich: Eine kurze Bestätigung, eine nondirektive Beratung, ein Hinweis auf die Regeln....

– *Anregen*

bei Materialfindungsschwierigkeiten, bei Passivität, bei Problemen,......

– *„Da-Sein“*

Suchende Schüler sollte der Lehrer seine Gegenwart spüren lassen. Der Lehrer sollte jedem Schüler soviel Nähe geben, wie dieser zur Entwicklung von Eigenaktivität braucht.

– *„Zusehen“*

Schüler, die einen Fehler machen, müssen die Chance haben, sich selbst zu korrigieren. Auch ein Schüler, der sich kurz ausruht, ohne andere zu stören, muß respektiert werden.

– *Arbeiten mit einem Schüler*

Bei Doppelbesetzung kann ein Lehrer einen Schüler in ein neues Material einführen oder einen Schüler phasenweise bei seiner Arbeit unterstützen.

Selbstverständlich bedarf Freiarbeit einer gründlichen Vorbereitung, jedoch nicht in Form eines Stundenentwurfes, sondern durch die Gestaltung der Lernumgebung. Grundlage hierfür ist eine gezielte Beobachtung, die neben dem individuellen Lern-

Abbildung 14: Frau Roos führt Daniela in die Arbeit mit der Braunen Treppe und den Flächenkarten ein

stand auch das Arbeits- und Sozialverhalten umfaßt. Beobachtungsgesichtspunkte erleichtern die Dokumentation (siehe Anhang). Das Führen eines Protokollbogens ermöglicht das Nachvollziehen der Materialentscheidungen jedes Schülers auch für einen längeren Zeitraum (siehe Anhang).

Die Überlegungen, die bei der Entscheidung für ein Material erforderlich sind, gleichen den Überlegungen für einen Stundenaufbau:

- Beabsichtigtes Ziel: Welches Ziel wird angestrebt? Was soll geübt oder erfahren werden? Worin liegt die Bedeutung für den Schüler?
- Lernvoraussetzungen: Welche Voraussetzungen muß der Schüler mitbringen? Wie kann ich das Material entsprechend der Voraussetzungen verändern? Ist der Schwierigkeitsgrad angemessen?
- Erwartete Selbständigkeit: Kann der Schüler ohne Hilfe mit diesem Material arbeiten? Kann er mit der Selbstkontrolle zurechtkommen?
- Mögliche Wiederholungen: Durch welche Eigenart des Materials werden Wiederholungen des Arbeitsvorgangs möglich?
- Erwartete Motivationsqualität: Welche Merkmale motivieren den Schüler?
- Erwartete Arbeitsform: Soll der Schüler einzeln damit arbeiten? In welcher Form ist Partnerarbeit möglich?
- Erwartete Lernart: Welche Handlungen ermöglicht das Material? Besteht die Möglichkeit auszuprobieren? Welche Erfahrungen können gemacht werden? (vgl. Potthoff, S.6O)

Gute Absprachen unter den Lehrern einer Klasse tragen wesentlich zum Gelingen der Freiarbeit bei. Bestandteil der regelmäßigen Teambesprechungen sollte sein:

- die Materialauswahl
- die genaue Handhabung des Materials
- der Austausch von Schülerbeobachtungen
- das Suchen von Lösungen für aufgetretene Probleme
- das eigene Verhalten

Zum Einbezug schwerbehinderter Schüler

In der Freiarbeit erfahren die Schüler:

- daß sie, ihre Wahl, und ihre Anstrengungen ernst genommen werden
- daß manche Materialien für sie nicht mehr oder noch nicht geeignet sind
- daß jede Arbeit gleich wichtig ist und anerkannt wird, „Reis schöpfen“ genauso wie „Addieren“
- daß jeder durch seine Arbeit Erfahrungen sammelt und Kenntnisse erweitert
- daß manche mehr Hilfe brauchen als andere

Freiarbeit fördert eine Atmosphäre, in der jeder den Lern- und Entwicklungsstand des Mitschülers anerkennt und sich über seine Fortschritte mitfreut. Eine gute Basis für den Einbezug eines schwerbehinderten Schülers.

Aufgabe des Lehrers ist es, aus dem erstellten individuellen Förderplan geeignete Materialien abzuleiten. Von der Schwere der Behinderung hängt es ab, welche Ziele in dieser Unterrichtsform angestrebt werden können. Beispiele:

- mit dauernder Unterstützung des Lehrers arbeiten (eingebundene Einzelförderung)
- sich kurze Zeit alleine mit dem Angebot beschäftigen
- Finden des eigenen Regalteils
- unter 2 Materialien eines herausgreifen

Besonders für schwerbehinderte Schüler können die Ziele und die Materialien nur ganz individuell gefunden werden. Die genannten Beispielziele und die im Materialteil für diesen Personenkreis gekennzeichneten Materialien sollten daher nur als Anregung verstanden werden.

Auf jeden Fall sollte man beim Einbezug eines schwerbehinderten Schülers darauf achten:

- daß der Schüler an allen Phasen der Freiarbeit teilnimmt, auch wenn dies nur mit mehr oder weniger großer Lehrerunterstützung möglich ist. Dabei sind die individuellen Ziele für jede Phase abzusprechen.
- Materialien zu finden, die zumindest kurze Zeit eine selbständige Beschäftigung ermöglichen.
- daß die Mitschüler erfassen, was der Schüler genau übt.
- daß der Schüler wie die anderen eine Freiarbeitsmappe besitzt, vielleicht kann ein leistungsstärkerer Schüler die Aufgabe übernehmen, bei der Dokumentation zu helfen.
- daß der Lehrer seine „Partnerarbeit“ mit dem Schüler den Mitschülern demonstriert, vielleicht möchte ein Schüler diese Form der Partnerarbeit wählen.

Da eine über die bloße Teilhabe hinausgehende Einbindung eines schwerbehinderten Schülers ohne Doppelbesetzung kaum denkbar ist (es sei denn die Schüler haben bereits große Erfahrung im lehrerunabhängigen Lernen), sollte diese bei der zeitlichen Organisation unbedingt berücksichtig werden.

Edelsteine oder Fensterputzen? – Ein Praxisbericht, der Mut machen soll

Abbildung 15: Marina sortiert Edelsteine nach Farben

Die Schüler der Klasse U1 der Schule für Geistigbehinderte Schweich beginnen den Schultag mit Freiarbeit. Nachdem überlegt ist, was und wie (mit oder ohne Partner) jeder arbeiten möchte, holt sich jeder Schüler selbständig sein Material, sucht sich einen Platz aus und fängt an zu arbeiten............

Besondere Schüler? – So fingen wir an:

Zu Schuljahresbeginn (Schuljahr 1993/94) entstand eine neue Unterstufenklasse mit folgenden Schülern:

Werner: 1. Schulbesuchsjahr, hirnorganische Schädigung, starke Aggressivität, starke motorische Unruhe, geringe Konzentrationsfähigkeit und Ausdauer, interessiert

Walter: 1. Schulbesuchsjahr, kognitiv im Grenzbereich zur Lernbehinderung, sehr interessiert, leicht ablenkbar, ruhig, gehemmt, auffallend geringes Selbstwertgefühl aufgrund von Mißerfolgserlebnissen und Überforderung im Regelkindergarten

Manuela: 1.Schulbesuchsjahr, starke mentale Retardierung (Entwicklungsalter ca 1 1/2 Jahre), Einkoten, kein Deutsch (Flüchtlingsfamilie), fröhlich, sehr lebhaft, kann nicht länger als eine Minute bei etwas verweilen

Paul: 2. Schulbesuchsjahr, gute Konzentrationsfähigkeit und Ausdauer, psychisch bedingtes Erbrechen, auf wenige Wörter begrenzter aktiver Wortschatz bei gutem Sprachverständnis, auffallend stark auf Erwachsene bezogen

Peter: 2. Schulbesuchsjahr, eingeschränkte Mundmotorik (Speichelfluß), Stereotypien, lautempfindlich, kontaktfreudig, sehr fröhlich

Jede neugebildete Klasse bringt ihre eigenen Probleme mit sich. In dieser Schülerzusammensetzung waren es die großen Unterschiede im Leistungsvermögen und vor allem die innere Unruhe und Angespanntheit, mit der Werner und Paul den Klassenraum betraten, und die es ihnen schwer machte, am Gesamtunterricht teilzunehmen – dazu unsere zappelige Manuela, die kein Deutsch verstand. Der Beginn mit einem Morgenkreis kam aufgrund des geringen sprachlichen Ausdrucksvermögens der Schüler nicht in Betracht, auch das Sicheinlassen auf eine Stilleübung war den Schülern unmöglich. In einer Teambesprechung entschlossen wir uns, auf der Grundlage eigener positiver Erfahrungen mit Freier Arbeit in anderen Stufen und anderen Schularten (Mehrfachbehindertenklasse der Gehörlosenschule, Schule für Lernbehinderte), mit dieser Unterrichtsform zu beginnen, um jedem Schüler seinen individuellen Einstieg in den Schultag zu ermöglichen.

Die ersten Materialien entnahmen wir unserem täglichen Lehrgang zur Wahrnehmungsförderung. Einige Materialien hatten die Schüler besonders gut angesprochen und sie wußten sie zu handhaben. Diese ergänzten wir durch Materialien zur Förderung der Motorik, die wir in der ganzen Klasse einführten. Bis auf Manuela lernten alle Schüler schneller als erwartet, sich zu entscheiden und sich auf ihr Material einzulassen. Da wir beobachteten, daß Manuela trotz ständiger Unterstützung einer Lehrperson nur bei Tätigkeiten, die mit Augenbinde auszuführen sind, verweilen konnte, lenkten wir ihre Entscheidung zunächst in diese Richtung, um den anderen Schülern und auch ihr selbst ein möglichst ungestörtes Arbeiten zu ermöglichen.

Die Selbsttätigkeit und Bewegung, das Arbeiten am selbstgewählten Material erwies sich für die Schüler als Weg zur inneren Ruhe, die sich auch auf ihr Verhalten im Gesamtunterricht positiv auswirkte. Für uns erwies sich die Freiarbeit als Weg, den unterschiedlichen Lernbedürfnissen der Schüler durch eine gezielte Materialauswahl zu entsprechen.

Im Laufe des Schuljahres kamen Materialien aus dem Vorhabenunterricht hinzu, die Arbeitsmittel aus der Wahrnehmungsförderung wurden ,als sie ihren Reiz verloren, durch andere, die inzwischen erarbeitet waren, ersetzt. Aus den anfänglichen 10 Minuten Freiarbeit wurden nach und nach 20-30 Minuten. Ausdauer, Konzentrationsvermögen und Selbständigkeit nahmen erstaunlich zu.

Erst zu Beginn des nächsten Schuljahres „trauten“ wir uns, die Wahl des Arbeitsplatzes hinzu zunehmen, bisher saßen alle am großen Tisch, vielleicht hatten wir Angst, die Übersicht zu verlieren. Eine neue Schülerin bereicherte unsere Klasse: *Susanne*, Down-Syndrom, nur pürierte Nahrung, häufiges Erbrechen, auf wenige Wörter begrenzter aktiver Wortschatz, noch nicht sauber, leicht autistische Verhaltenszüge. Sie wurde der Anlaß für die Einführung der Wahl des Arbeitsplatzes, da sich Walter, der inzwischen mit Materialien aus dem Lesekurs arbeitete, von ihren Tätigkeiten zu sehr ablenken ließ. Die Teppiche wurden von den Schülern mit Begeisterung aufgenommen, das Aufrollen mit Feuereifer geübt.

Die dabei gemachten Erfahrungen wirkten sich positiv auf die Selbständigkeit beim An- und Auskleiden aus. Nachdem Walter die Gelegenheit hatte, sich eine ruhige Ecke zu suchen, konnte er wesentlich konzentrierter arbeiten.

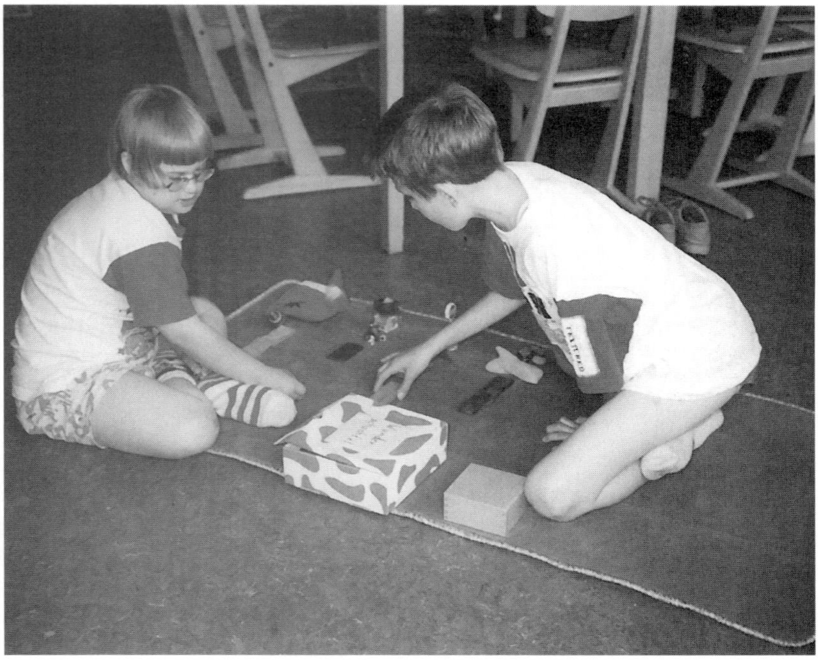

Abbildung 17: Partnerarbeit: Patrick und Marina ordnen den Täfelchen „Holz, Metall, Stoff, Stein“ Gegenständen aus diesen Materialien zu

Abbildung 16: Patrick erliest Wortkarten und ordnet diesen Bildkarten zu. Marina ist mit ihrer Arbeit fertig und schaut zu.

Die Wahl der Sozialform führten die Schüler selbst ein, als zwei das gleiche Material aussuchten und beschlossen, zusammen damit zu arbeiten. Die Frage, allein oder mit Partner wurde Bestandteil des Vorgespräches.

Als im nächsten Schuljahr Peter und Paul in die Mittelstufe wechselten und *Thorsten* (Down-Syndrom) und *Susanne* (cerebrale

Abbildung 18: Patrick arbeitet mit Auftragsröllchen

Abbildung 19: Tobias gestaltet seinen Wochenplan

Anfälle) in unsere Klasse eingeschult wurden, haben wir die bisher implizit geltenden Regeln thematisiert und die entsprechenden Symbole eingeführt. Die „Neuen“ fanden sich während der Freiarbeit rasch zurecht, indem sie sich an den Mitschülern orientierten. Für Walter und Werner richteten wir ein „3.Schuljahrregal“ mit Materialien zur Lautunterscheidung, zum Schreiben und Lesen, zur Uhr und zum Geld ein.

Die Beobachtung, daß Schüler vermehrt Arbeitsblätter wählten, um etwas mit nach Hause nehmen zu können, veranlaßte uns zur Einführung der Freiarbeitsmappe. Es stellte sich heraus, daß wir damit ein zwar unausgesprochenes, jedoch starkes Schülerbedürfnis befriedigten.

Inzwischen waren bis auf Manuela (sie benötigte noch phasenweise Unterstützung) alle Schüler in der Lage, weitgehend selbständig und unabhängig vom Lehrer zu arbeiten.

Im Rechenunterricht verursachten uns unterschiedliche Leistungsstände zunehmend Probleme, da wir das Gefühl hatten, trotz Differenzierung, den einzelnen Schülern nicht ausreichend gerecht zu werden. Angeregt durch die Ausführungen von Sabine Heidjann zur Wochenplanarbeit bei Geistigbehinderten besprachen wir die Möglichkeit, den Rechenunterricht in Wochenplanarbeit zu organisieren. Mit dem Vorhabenthema “Ich arbeite nach meinem Wochenplan“ setzten wir unsere Überlegungen um. Mit freiarbeitserfahrenen und begeisterten Schülern – Balsam für die Seele des Lehrers!!!

Als Beispiel zur zeitlichen Organisation von Freier Arbeit unser Stundenplan:

Schulmorgen- kreis	FA W/L	FA W/L	FA W/L	FA W/L
		Frühstück/Hofpause		
WA FS V	Reiten	WA FS Musik	WA FS V	WA FS V
		Mittagessen/ Hofpause		
V FS	WA FS	Sport FS	Schwimmen	

FS= Freispiel W= Wahrnehmungsförderung WA= Wochenplanarbeit

FA= Freiarbeit L= Lesen V=Vorhabenunterricht

Abbildung 20: Patrick ordnet Holzfiguren die entsprechenden Anlaute zu

Natürlich gab es bei der Einführung der Freiarbeit auch Probleme, aber sie konnten im Team gelöst werden. Ein Schlüsselerlebnis, welche Bedeutung die Freiarbeit für die Schüler hat, und wie sehr sie selbst dazu beiträgt, ihre Voraussetzungen zu erfüllen, wurde uns nach einem anstrengenden Tagesausflug zuteil: die Schüler forderten ihre ausgefallene Freiarbeit ein und begannen konzentriert zu arbeiten. – Wir haben viel von den Schülern gelernt!

Abbildung 21: Tobias arbeitet mit einem Zylinderblock

Mögliche Probleme – Anregungen aus der Praxis für die Praxis

Bei der Einführung der Unterrichtsform Freiarbeit werden gerade in der Anfangsphase Probleme nicht ausbleiben:

Ein Schüler kann sich nicht entscheiden:

Bei den meisten Schülern muß die Fähigkeit, sich entscheiden zu können, erst entwickelt werden. Dies gelingt um so schneller, je mehr Gelegenheit dazu gegeben wird. Das Üben des Auswählens darf sich nicht auf die Freiarbeitsphase beschränken, der Lehrer sollte täglich kleine Entscheidungssituationen in den Unterricht und den Tagesablauf einflechten. Unterstützend wirkt auch, vor dem Freispiel bei jedem Schüler eine deutliche und bewußte Entscheidung für ein bestimmtes Spiel herbeizuführen.

Bei Schwierigkeiten während der Materialauswahl hilft es, das Angebot auf wenige oder sogar nur zwei Materialien zu beschränken und zunächst eine „handgreifliche Auswahl“ zu akzeptieren. Ist ein Schüler auch so noch nicht zu einer Entscheidung in der Lage, kann der Lehrer mit dem Schüler zusammen etwas auswählen und es durch gemeinsames Arbeiten interessant machen.

Gibt es sporadische Entscheidungsprobleme gilt es, die Ursache herauszufinden. Motiviert kein Angebot? Ist alles zu interessant? Ist das Gewünschte schon vergriffen?

Ein Schüler setzt sich stets nur auf seinen Platz:

Die Fixierung auf den eigenen Stuhl sollte langfristig nicht akzeptiert werden. Manchmal genügt schon der Hinweis auf andere Arbeitsplätze, es kann jedoch auch nötig sein, geduldig mit dem Schüler andere Möglichkeiten auszuprobieren. Diese anfängliche Lenkung erweitert die innere Freiheit des Schülers und macht eine spätere echte Wahl des Arbeitsplatzes erst möglich.

Die Schüler wählen Material, das sie über- oder unterfordert:

Bei Materialien, die nicht durch unterschiedliche Niveaustufen allen Schülern eine sinnvolle Beschäftigung bieten, muß bei der Einführung klar festgelegt werden, wer damit arbeiten kann. So lernen die Schüler von Anfang an zu akzeptieren, daß einige Arbeitsmittel für sie nicht geeignet sind. Falls sich die Schüler die Zuordnung nicht merken können, helfen farbige Markierungen. Mit einem Schüler, der aus mangelnder Anstrengungsbereitschaft nur Material wählte, das ihn unterforderte, haben wir ein „3.Schuljahr- Regal" eingerichtet und boten ihm an, leichtere Dinge im Freispiel auszuprobieren – das Problem war gelöst.

Ein Schüler wählt jedesmal das gleiche Material:

Bei diesem Problem haben wir uns in der Phase des Vorgespräches vor das Regal gesetzt und nachgeschaut, was es dort alles gibt. Bei manchen Schülern war dies nur einige Tage nötig, bei anderen mehrere Wochen. Auch der Hinweis in der Freiarbeitsmappe nachzusehen, womit in den vergangenen Tagen gearbeitet wurde, wirkt regulierend.

Ein Schüler läßt sich so sehr ablenken, daß er nicht mehr arbeiten kann:

Bei der Wahl des Arbeitsplatzes sollte dieser Schüler ermuntert werden, sich eine ruhige Ecke zu suchen, evt. können für ihn zusätzliche Sichtblenden organisiert werden, hinter die er sich zurückziehen kann:

Einige Eltern fragen kritisch nach:

Die Eltern sollten möglichst bald nach Einführung der Freiarbeit informiert werden, welche Vorzüge diese Unterrichtsform hat. Sie sollten im Rahmen eines Elternabends den veränderten Klassenraum erleben und die Materialien kennenlernen. Fotos, die Schüler beim konzentrierten Arbeiten zeigen, überzeugen manchmal mehr als Worte. Eine Videodokumentation räumte bei uns nicht nur die letzten Zweifel aus, sondern eröffnete die Perspektive einer Unterstützung der angestrebten Ziele durch das häusliche Umfeld, da einige Eltern ihr Kind in einer Selbständigkeit und Konzentration sehen konnten, die sie ihm selbst nie zugetraut hätten.

Ein Schüler stört:

Störverhalten ist meist ein Ausdruck von Über- oder Unterforderung und sollte Anlaß sein, das Materialangebot zu überdenken. Es kann auch ein Ruf nach Unterstützung sein. Der Lehrer muß jedem Schüler die Nähe geben, die er braucht. Daneben wirkt auch die Regel, daß nur erledigte Arbeiten in die Freiarbeitsmappe eingetragen werden , verhaltenstherapeutisch.

Zumindest in der Anfangsphase, wenn die Schüler noch sehr lehrerzentriert sind, ist eine Doppelbesetzung sehr hilfreich und sollte bei der zeitlichen Organisation berücksichtigt werden. War jedoch ein Lehrer verhindert, haben wir die Freiarbeitsstunde nie ausfallen lassen. Auch wenn wir Abstriche an den eigenen Ansprüchen machen mußten, für die Schüler war die Kontinuität wichtig, und mancher Schritt zur Selbständigkeit wurde gerade in diesen Stunden vollzogen.

Der Weg zur Freiarbeit kann nicht ohne Schwierigkeiten verlaufen, aber wer beobachten konnte, daß

- einige Schüler noch arbeiten, während andere schon spielen
- Schüler ihre ausgefallene Freiarbeit einfordern
- im gleichen Raum eine Hörübung und eine Partnerarbeit möglich ist
- Schüler heute schon überlegen, was sie morgen arbeiten wollen
- Schüler sich differenziert über ihr Tun äußern
- Schüler zunehmend selbständiger werden
- Schüler sich von der Arbeit ihrer Mitschüler motivieren lassen
- Schüler weiterarbeiten, wenn der Lehrer nicht im Raum ist
- die Hilfsbereitschaft und Akzeptanz untereinander spürbar zunimmt

weiß, daß es ein lohnenswerter und gangbarer Weg ist.

Perspektiven: Freiarbeit und Wochenplanarbeit

Beide Unterrichtsformen weisen viele ähnliche Merkmale auf, grenzen sich jedoch durch einen grundlegenden Unterschied voneinander ab: In der Freiarbeit sind die Schüler lediglich durch das Angebot an Materialien begrenzt, in der Wochenplanarbeit ist festgelegt, welche Aufgaben in diesem Zeitraum zu erledigen sind, wobei diese sich auf verschiedene Inhaltsbereiche oder nur einen Fachbereich beziehen können. Hierbei werden folgende Varianten unterschieden:

- Der Lehrer gibt die Aufgaben vor, für die Schüler wird die Unterrichtsplanung transparent, und sie können sich auf die Aufgaben der Woche einstellen.
- Schüler und Lehrer gestalten gemeinsam den Wochenplan, wobei dieser neben einem Pflichtprogramm Wahlaufgaben enthält.
- Die Schüler gestalten ihren Wochenplan selbst, wobei sie durch die vorgegebenen Materialien begrenzt werden (offener Wochenplan).

Wochenplanarbeit kann ein Hilfsmittel sein, das Ziel Freiarbeit zu erreichen. Diese Möglichkeit, mit Wochenplanarbeit in das freie Arbeiten einzusteigen, wird wie bereits in Praxisbericht erwähnt, von Sabine Heidjann sehr anregend beschrieben. Allen, die in der Schule für Geistigbehinderte mit Freiarbeit beginnen wollen, sei auch dieses Heft zu empfehlen.

Wochenplanarbeit kann jedoch auch, wie in unserer Klasse, die Freiarbeit ergänzen und erweitern. Bei freiarbeitserfahrenen Schülern ist die Einführung des offenen Wochenplans zu empfehlen. Da in der Freiarbeit schon Materialien aus allen Lernbereichen enthalten sind, hat sich hier auch die Begrenzung der Wochenplanarbeit auf einen Lernbereich bewährt.

Materialteil

Einführung in den Materialteil

Alle im folgenden vorgestellten Materialien wurden in mehrjähriger Freiarbeitspraxis erprobt und haben sich als geeignet für die Hände geistigbehinderter Schüler erwiesen.

Bei der Auswahl wurde versucht, das Spektrum möglichst breit zu halten, damit Interessierte für Schüler mit unterschiedlichen Entwicklungsständen und Interessen Angebote vorfinden können, bzw. Anregungen erhalten. Auf eine Zuordnung zu den Klassenstufen wurde bewußt verzichtet, da die Entscheidung für ein Material gezielt für jeden einzelnen Schüler einer Klasse erfolgen muß.

Um einen raschen Überblick zu ermöglichen, sind die Materialien nach ***Lernbereichen*** und ***Lerninhalt*** geordnet, die jeweils in der Kopfzeile angegeben sind. Darunter befindet sich der Name, die zeichnerische Darstellung und die Auflistung des ***Materials***. Ermöglicht ein Arbeitsmittel auch ***Partnerarbeit***, wird dies mit einem * hinter dem Namen angezeigt. Arbeitsmittel, die sich in abgewandelter Form auch für ***Schwerbehinderte*** eignen, sind mit einem ° gekennzeichent. Es folgt die ***pädagogische Zielsetzung***, wobei jeweils nur die wichtigsten Ziele aufgelistet werden. Im Anschluß daran wird in knapper Form die ***Handhabung und Kontollmöglichkeit***, darunter die ***Herstellung, bzw. Beschaffung*** beschrieben. Unter ***sonderpädagogische Hinweise*** finden sich Aspekte, die beim Einsatz zu beachten sind, mögliche notwendige Vorübungen, und/ oder Abwandlungsmöglichkeiten für nichtsprechende oder schwerbehinderte Schüler. Unter ***Variationen*** werden mögliche andere Sozialformen, weiterführende Übungen und/oder Inhalte für Schüler mit anderen Interessengebieten angegeben.

Zum Lernbereich „Umgang mit Mengen und Zahlen" beschreibt Sabine Heidjann in Heft A7 der Übungsreihen (siehe Lit.) ausführlich die Herstellung grundlegender Arbeitsmittel, die vielfältig einsetzbar sind. Hierauf sei ausdrücklich verwiesen, da die im folgenden für diesen Bereich dargestellten Materialien zu diesen als Ergänzung zu sehen sind.

Natürlich ist im Rahmen eines Heftes die Vorstellung von Materialien nur exemplarisch möglich, viele weitere sind denkbar. In der Literaturliste am Ende des Materialteils werden Bücher angegeben, in denen weitere Materialanregungen, sowie Bezugsquellen von Freiarbeitsmaterial und Verlagsadressen zu finden sind.

Hinweis:

Die zeichnerischen Darstellungen der Materialien sind zur Verwendung als Symbolkärtchen für die Freiarbeitsmappe gedacht und als Kopiervorlagen im Anhang zusammengestellt (siehe Kopiervorlage 5: Materialsymbolkärtchen).

Tastkiste* °

Material: Kiste mit 2 Öffnungen für die Hände, verschiedene Gegenstände in einem Stoffsack

Pädagogische Zielsetzung:
- Schulung des Tastsinns
- Taktiles Erkennen von Gegenständen
- Konzentration
- Wortschatz

Handhabung/Kontrolle:
- Partnerspiel: ein Schüler hinter der Kiste gibt dem Partner verschiedene Gegenstände in die Hände
- Ertasten und Benennen
- Kontrolle durch den Partner

Herstellung/Beschaffung:
- Kiste aus Karton basteln oder Fühlkasten aus Holz, Schubi-Verlag
- bekannte Alltagsgegenstände auswählen

Sonderpädagogische Hinweise:
- bei nichtsprechenden Kindern Aufgabenstellung abwandeln: gleiche Gegenstände herausfinden
- für Schwerbehinderte durch Auswahl geeigneter Dinge Materialerfahrungen ermöglichen, evt. ohne Tastkiste: Fellstück, Holzkugel,..........

Variationen:
- Gegenstände entsprechend dem Vorhabenunterricht aussuchen: Obst, Naturmaterialien aus dem Wald,.....

Sortierschalen* °

Material: große Holzschale mit Haselnüssen, Walnüssen, Kastanien und Eicheln, 4 kleine Holzschälchen, Augenbinde

Pädagogische Zielsetzung:
- Schulung des Tastsinns
- Taktiles Unterscheiden ähnlicher Dinge
- Sortierübung (Ordnungen herstellen)
- Schulung der Feinmotorik

Handhabung/Kontrolle:
- jeweils eine Waldfrucht befühlen, entsprechendes Schälchen ertasten , einsortieren
- Selbstkontrolle durch Abnehmen der Augenbinde

Herstellung/Beschaffung:
- Waldfrüchte mit Schülern suchen/kaufen

Sonderpädagogische Hinweise:
- Vorübung: Sortieren ohne Augenbinde
- Wortschatzübung

Variationen:
- andere Materialien: Hülsenfrüchte (Erbsen, Bohnen,..)
- Materialien aus dem Vorhaben oder Werkunterricht
- mehr oder weniger Sorten/Schälchen

Tasttäfelchen

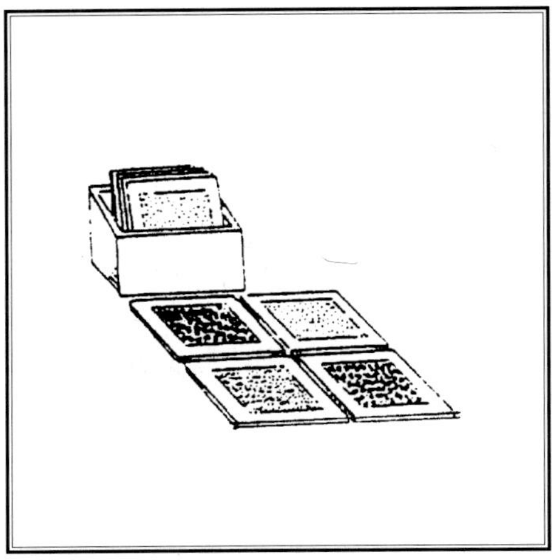

Material: Holzkästchen mit 10 Brettchen, die mit Sandpapier in 5 Abstufungen versehen sind, paarweise gleich, Augenbinde

Pädagogische Zielsetzung:
- Entwickeln und Verfeinern des Tastsinns
- Erkennen der unterschiedlichen Beschaffenheit von rauhen Oberflächen
- Unterscheidung: grob, fein, feiner,gröber

Handhabung/Kontrolle:
- beide Serien getrennt hinlegen
- mit verbundenen Augen ein Täfelchen auswählen, betasten, auf der anderen Seite das Passende suchen
- paarweise hinlegen
- Selbstkontrolle durch Abnehmen des Augenbinde: Täfelchen unterscheiden sich in der Farbe

Beschaffung/Herstellung:
- Original Montessori- Material oder Selbstherstellung: Bekleben von Holzbrettchen mit Sandpapier unterschiedlicher Körnung, Kontrolle über Farbpunkte auf der Rückseite

Sonderpädagogische Hinweise:
- mit den Gegensatzpaaren beginnen
- vorausgehende Übung: Unterscheidung glatt- rauh

Variationen:
- Holzplättchen mit verschieden Stoffen bekleben: Seide, Leinen, Cord,....oder: Säckchen mit paarweise gleichen Stoffstückchen
- Täfelchen: Holz, Metall, Stoff, Stein – Zuordnen von Gegenständen aus diesen Materialien (Wundertüte)

Wärmekrüge

Material: Metallkrüge (mit Deckel) zum Einfüllen von Wasser, eine Serie am Deckel farbig

Pädagogische Zielsetzung:
- Wahrnehmung von Temperaturunterschieden
- Unterscheiden der Wärmequalitäten kalt, warm, heiß

Handhabung/Kontrolle:
- beide Serien getrennt auf den Tisch stellen
- einen Wärmekrug auswählen, die Temperatur wahrnehmen, auf der anderen Seite das Passende suchen
- Selbstkontrolle durch Farbmarkierungen auf dem Boden der Krüge

Herstellung/Beschaffung:
- Original Montessori-Material

Sonderpädagogische Hinweise:
- Lehrer muß das Wasser einfüllen
- mit heiß und kalt beginnen
- Übung kann nur kurze Zeit durchgeführt werden, da sich die Temperatur verändert

Variationen:
- Zuordnen von Bildkarten mit Abbildungen von Gegenständen, die offentsichtlich kalt, warm oder heiß sind: Eis, Schnee, Feuer, brennende Kerze, Wollschal,...

Geräuschdosen* °

Material: Filmdosen, je zwei mit gleichem Inhalt, eine Serie mit blau gekennzeichnetem Deckel, kleines Holztablett

Pädagogische Zielsetzung:
- Schulung des Gehörsinns
- Unterscheidung laut, leise, lauter, leiser
- Reihenbildung von laut-leise
- Lenkung der Aufmerksamkeit auf Geräuschqualitäten

Handhabung/Kontrolle:
- beide Serien getrennt anordnen
- eine Dose schütteln, die passende aus der anderen Serie suchen und Paare bilden
- Selbstkontrolle durch Farbmarkierungen auf der Unterseite der Dosen

Herstellung/Beschaffung:
- Filmdosen je zwei mit gleichem Inhalt (Sand, Körner,Perlen,.......) füllen oder
- Original Montessori Geräuschdosen
- auf der Unterseite Farbmarkierungen anbringen

Sonderpädagogische Hinweise:
- beide Hände und Ohren zum Vergleichen benutzen
- mit Gegensatzpaar beginnen
- für Schwerbehinderte: Erzeugen von Geräuschen durch Schütteln der Dosen, Erfahren von Geräuschunterschieden

Variationen:
- Partnerspiel: jeder Schüler hat eine Serie vor sich, ein Schüler schüttelt eine Dose, der andere sucht die Passende aus seiner Serie

Glocken*

Material: Glocken mit weißem und braunem Fuß, Klöppel, kleines Holztablett

Pädagogische Zielsetzung:
- Wahrnehmen unterschiedlicher Tonhöhen
- Unterscheiden hoch, tief, höher, tiefer
- Übung der Motorik von Arm und Hand
- Schulung des auditiven Gedächtnisses

Handhabung/Kontrolle:
- Glocken mit weißem und braunen Fuß getrennt anordnen
- eine Glocke anschlagen, warten bis der Ton verklungen ist, die entsprechende Glocke in der anderen Serie suchen und Paare bilden
- Selbstkontrolle durch Farbmarkierung unter dem Fuß

Herstellung/Beschaffung:
- Original Montessori Glocken (müssen unter dem Fuß noch markiert werden)

Sonderpädagogische Hinweise:
- Einsatz erst möglich, wenn Schüler etwas Freiarbeitserfahrung haben (Ablenkbarkeit der Mitschüler)
- gut geeignet, um die Fähigkeit, sich nicht ablenken zu lassen, zu schulen

Variationen:
- Partnerspiel: siehe Geräuschdosen

Reis schöpfen °

Material: Holztablett, Glasschälchen mit Reis, Teelöffel, Glasgefäß (Marmeladenglas)

Pädagogische Zielsetzung:
- Schulung der Bewegungskoordination und der Auge-Hand-Koordination
- Lernen, eine Bewegung so langsam auszuführen, wie es die Sache erfordert
- Entwickeln des Anspruchs, daß kein Reiskorn daneben fällt , Freude an der Beherrschung der Bewegung
- Bezug: Essen rausschöpfen

Handhabung/Kontrolle:
- Reisschälchen und Glas auf dem Tablett nebeneinander stellen
- Reis mit dem Teelöffel in das Glas schöpfen
- Selbstkontrolle: daneben gefallene Reiskörner (sollen sofort eingesammelt werden, gute Übung des Pinzettengriffes)

Sonderpädagogische Hinweise:
- vor Einführung ausreichend Materialerfahrung ermöglichen: Hände in große Reisschüssel eintauchen, Reis durch Hände rieseln lassen
- für Schwerbehinderte: als Materialerfahrung s.o., Reis schöpfen: mit der Hand von einer großen Schüssel in eine andere, mit großer Schöpfkelle,....

Variationen:
- andere Gefäße mit weiten oder engen Öffnungen, auch mit Trichter
- unterschiedliche Löffelgrößen
- Hinzunahme von Maßen, Meßbecher

Schneiden ° *

Material: Materialschälchen mit Tonpapierstükken in unterschiedlichen Farben, Schere, leeres Materialschälchen, Klebestift, ein Blatt Papier

Pädagogische Zielsetzung:
- Richtiges Halten der Schere, Üben der Schneidebewegung, Schulung der Feinmotorik
- Abschneiden von Papierschnipseln
- Fördern der Kreativität durch freies Gestalten

Handhabung/Kontrolle:
- Kleinschneiden des Tonpapiers, Sammeln der Schnipsel im Materialschälchen
- freies Gestalten mit den Schnipseln, Aufkleben
- Selbstkontrolle: bei falscher Handhabung der Schere ist Schneiden nicht möglich, Ausprobieren!

Herstellung/Beschaffung:
- Verbrauchtes Material stets nachfüllen

Sonderpädagogische Zielsetzung:
- für Schwerbehinderte: Kleinreißen, auch mit anderem Material (Zeitung, Buntpapier,....)

Variationen:
- Schneiden auf der Linie, Ausschneiden von vorgezeichneten Formen
- Schüler zeichnen selbst Linien oder Formen mit Hilfe von Lineal oder der Metallnen Einsätze
- Partnerarbeit: Gestalten eines gemeinsamen Bildes

Wasser gießen

Material: Kunststofftablett, Kanne mit Markierung, 1 Glas, eine Tasse, ein kleines Handtuch

Pädagogische Zielsetzung:
- Schulung der Bewegungskoordination und der Auge- Hand-Koordination
- Übung der Fähigkeit, Getränke einzugießen
- Freude am Tun und an der Beherrschung der Bewegung

Handhabung/Kontrolle:
- Kanne bis zur Markierung mit Wasser füllen
- Kanne hochheben, Wasser langsam ins Gefäß gießen
- mit dem Tuch, den hängengebliebenen Tropfen abwischen
- Wasser wieder zurückgießen, Vorgang mehrmals wiederholen
- Selbstkontrolle: verschüttetes Wasser (mit Handtuch sofort aufwischen)

Herstellung/Beschaffung:
- Gefäße aus der Lehrküche

Sonderpädagogische Hinweise:
- Vorübungen: Schütten mit Sand, Reis, gefärbtes Wasser
- Aufräumen des Arbeitsplatzes beinhaltet weitere lebenspraktische Tätigkeiten: Abtrocknen der Gefäße, Falten des Handtuches, Tragen des Tablettes

Variationen:
- größere Anzahl von Gefäßen, Gefäße mit engen oder weiten Öffnungen, durchsichtige oder undurchsichtige Gefäße, Trichter
- Maße: 1L, 1/2 L,....(1L-Gefäß, zwei 1/2 L-Gefäße)

Fenster putzen

Material: Eimer, Fensterleder, Fensterputzmittel,

Pädagogische Zielsetzung:
- Kanalisierung des Bewegungsdrangs
- Freude am Tun und dem Ergebnis
- Pflege der Umgebung
- Entwickeln von Aufgaben-und Verantwortungsbewußtsein
- Auge-Hand-Koordination

Handhabung/Kontrolle:
- Eimer mit Wasser füllen
- Fensterputzmittel dosieren
- Fensterleder eintauchen und auswringen
- systematisches Putzen: von oben nach unten mit der Bewegung von links nach rechts
- Selbstkontrolle: sauberes Fenster, verschüttetes Wasser, zuviel Schaum bei falscher Dosierung

Sonderpädagogische Hinweise:
- Besonderer Anreiz liegt darin, daß diese Tätigkeit zu Hause und im Schulalltag in der Regel von Erwachsenen ausgeführt wird

Edelsteine

Material: kleines Holztablett, Glasschälchen mit Glasmuggelsteinen in blau, rot, grün, gelb, Filzstücke in den gleichen Farben

Pädagogische Zielsetzung:
- Gleiche Farben zuordnen
- Entwickeln des Sinns für Ästhetik
- Gewinnen von Ordnungsstrukturen

Handhabung/Kontrolle:
- Edelsteine nach Farben auf die entsprechenden Filzstücke sortieren
- Selbstkontrolle: durch Vergleichen

Herstellung/Beschaffung:
- Glasmuggelsteine (Firma Leonardo) in Glasfachgeschäften erhältlich
- Quadratische Filzstücke ausschneiden

Sonderpädagogische Hinweise:
- Material gibt Anreiz zum intensiven Befühlen der Steine und zum genauen Betrachten der Farben
- bei Schülern *sehr beliebt*

Variationen:
- weniger oder mehr Farben
- Hinzunahme des Merkmals Größe oder Form
- Kombination mit Zahlenkärtchen

Kleine Dinge *

Material: Körbchen mit vielen kleinen Dingen in blau, gelb, grün, rot, 4 Materialschälchen oder Farbkarten in den entsprechenden Farben

Pädagogische Zielsetzung:
- Sortieren nach dem Merkmal Farbe
- Gewinnen von Ordnungsstrukturen
- Verbessern der Feinmotorik

Handhabung/Kontrolle:
- Gegenstände nach Farben auf die Farbkarten oder in die Materialschälchen sortieren
- Selbstkontrolle durch Vergleich der Farben

Herstellung/Beschaffung:
- Kleine Dinge sammeln: Lego, Knöpfe, Perlen, Holztiere, Spitzer, ...

Sonderpädagogische Hinweise:
- Möglichst viele verschiedene Dinge anbieten: Motivation, Wortschatzübung

Variationen:
- Partnerspiel: Farbwürfel, zusätzlicher Satz Farbkarten, auch mit Punktwürfel kombinierbar
- mehr oder weniger Farben

Plättchen

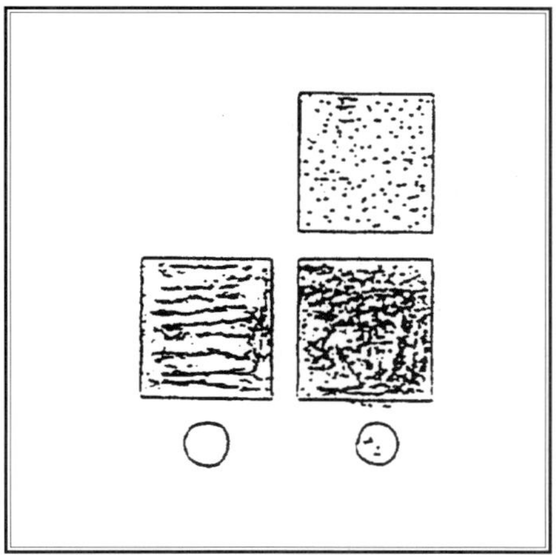

Material: Körbchen mit Plättchen, in groß und klein, in 3 verschiedenen Formen und 4 verschiedenen Farben, Legetafel

Pädagogische Zielsetzung:
- Formen, Größe und Farben unterscheiden
- unter Beachtung von 3 Merkmalen Plättchen zuordnen

Handhabung/Kontrolle:
- Plättchen entsprechend der Vorgabe auflegen
- Selbstkontrolle: bei Fehlern geht Zuordnung nicht auf (bei schwachen Schülern Lehrerhilfe erforderlich)

Herstellung/Beschaffung:
- Plättchen hier aus: Begriffsspiel (Schrödelverlag)
- ebenso möglich: Formenspiel, Logische Blöcke
- Legetafel: Plättchen auf Fotokarton legen, umfahren, colorieren, Legetafel mit Selbstklebefolie überziehen

Sonderpädagogische Hinweise:
- Vorübung: Unterscheiden nach einem, dann zwei Merkmalen

Variationen:
- Plättchen nicht aussortiert bereitstellen, sondern in der Gesamtmenge suchen lassen
- mehrere Legetafeln

Wundertüte *

Material: Körbchen mit geometrischen Körpern (Kugel, Ei, Kubus, Zylinder, Quader), Papiertüte mit Gegenständen in den entsprechenden Formen

Pädagogische Zielsetzung:
- geometrische Körper anhand ihrer Merkmale unterscheiden
- an Gegenständen diese Merkmale erkennen und die Gegenstände den Körpern zuordnen

Handhabung/Kontrolle:
- die geometrischen Körper aufstellen
- in die Wundertüte greifen, einen Gegenstand befühlen, herausnehmen, betrachten, zuordnen
- Kontrolle durch den Lehrer oder Partner

Herstellung/Beschaffung:
- Körper: Montessori Material
- Gegenstände: Ball, Wollkäuel, Perle, Baustein, Legostein, Würfel, Schachteln, Dosen, ...

Sonderpädagogische Hinweise:
- Lernvoraussetzung: geometrische Formen
- Körper müssen ausführlich eingeführt werden, z.B. im Lehrgang Wahrnehmungsförderung: mit 2 Körpern beginnen, Erfahren der Eigenschaften: Kippen, Rollen, Drehen, Ekken, Kanten

Variationen:
- Körper den Grundflächentäfelchen zuordnen
- Partnerarbeit: abwechselnd einen Gegenstand zuordnen, sich gegenseitig kontrollieren

Rosa Turm *

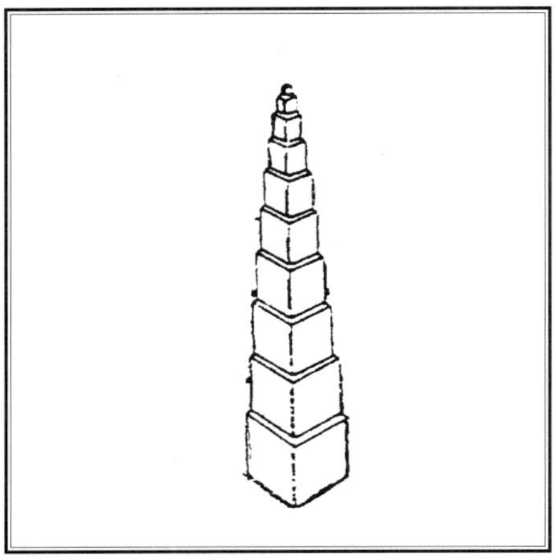

Material: 10 Kuben (massiv Holz, rosa), die sich gleichmäßig dreidimensional verändern (Kantenlänge 1cm – 10cm)

Pädagogische Zielsetzung:
- Unterscheidung groß, klein, kleiner, größer
- Bilden von Ordnungen
- Koordination der Bewegung

Handhabung/Kontrolle:
- die Kuben ungeordnet auf den Teppich legen
- die Kuben nach der Größe aufeinandersetzen
- Selbstkontrolle durch Auge und Finger (Gleichmaß der Veränderung)

Herstellung/Beschaffung:
- Montessori Material: Rosa Turm

Sonderpädagogische Hinweise:
- bei der Einführung kontrastreiche Vergleichspaare bilden
- erst die Begriffe klein-groß, dann kleiner-größer erarbeiten

Variationen:
- die Kuben Flächentäfelchen (selbst herstellen) zuordnen
- Partnerarbeit: zusammen einen Turm bauen oder mit den Flächentäfelchen arbeiten
- Rosa Turm mit der Braunen Treppe kombinieren

Zylinderblock °

Material: Zylinderblock mit Aussparungen für 10 Holzzylinder, 10 Holzzylinder mit Knopf zum Anfassen

Pädagogische Zielsetzung:
- Unterschiede im Durchmesser (dick-dünn) erfassen
- Erkennen von Dimensionsunterschieden bei gleichbleibender Form
- Erkennen, wie Hohlraum und Körper einander entsprechen
- Vorbereitung der Stifthaltung

Handhabung/Kontrolle:
- Zylinder ungeordnet aufstellen
- einen Zylinder auswählen, mit 3 Fingern am Knopf anfassen, Zylinder mit Hohlraum vergleichen und einsetzen
- Selbstkontrolle: Fehler werden sichtbar und ertastbar

Herstellung/Beschaffung:
- Montessori-Material: Zylinderblock B

Sonderpädagogische Hinweise:
- bei der Einführung mit Kontrastpaaren beginnen
- bei Schwerbehinderten (Material ab Entwicklungsalter 1-2 Jahre einsetzbar) besteht das Ziel im Einsetzen der Zylinder durch Ausprobieren

Variationen:
- Arbeiten mit Augenbinde
- Hinzunahme der Zylinderblöcke A,C,D
- Kombination mit den farbigen Zylindern: zuordnen, aufeinandersetzen

Numerische Stangen *

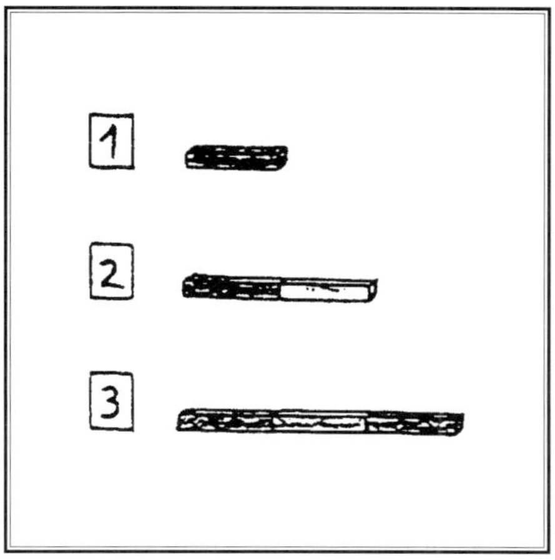

Material: 10 Stangen (10cm – 1m), alle 10cm wechselt die Farbe(rot-blau), Kästchen mit Ziffernkarten 1-10

Pädagogische Zielsetzung:
- Erwerb des Zahlbegriffs 1-10
- Zählen von 1 bis 10
- Verständnis, daß Zahlen auf verschiedene Weise dargestellt werden können
- Begriffe mehr-weniger, kürzer-länger
- Vorerfahrungen mit dem metrischen System

Handhabung/Kontrolle:
- Ziffernkarten der Reihe nach anordnen (untereinander)
- Stangen zuordnen
- Selbstkontrolle: jede Stange ist um einen Abschnitt länger als die vorhergehende (Bild einer Treppe)

Herstellung/Beschaffung:
- Montessori-Material oder:
- Holzstangen in entsprechenden Längen sägen und lackieren

Sonderpädagogische Hinweise:
- ab Menge 2 gut einsetzbar
- Material ermöglicht ein sehr handgreifliches und anschauliches Erfassen des Zahlbegriffs und regt zum Messen von Längen an

Variationen:
- mit den Stangen Additionsaufgaben legen
- Ergänzen auf 1O
- Partnerarbeit: Zuordnung gemeinsam vornehmen
- Messen (TIP: Anregungen zum Umgang mit dem Längenmaß in Lit 8)

Finger – Würfel *

Material: Körbchen mit 6 Würfeln, Zahlenkarten 1-6, 6 Kärtchen, auf denen die Mengen mit den Fingern dargestellt werden

Pädagogische Zielsetzung:
- Erkennen der Würfelbilder, Ziffern und Mengendarstellungen
- Zuordnungen vornehmen

Handhabung/Kontrolle:
- Zahlenkarten der Reihe nach hinlegen
- „Fingerkarten“ suchen, nachmachen und zuordnen
- Würfelbild suchen oder würfeln und zuordnen
- Kontrolle: durch den Lehrer

Herstellung/Beschaffung:
- Fingerkärtchen selbst zeichnen, mit Selbstklebefolie überziehen
- 6 gleichgroße Würfel, Ziffernkärtchen

Sonderpädagogische Hinweise:
- das Zeigen der Mengen mit den Fingern erleichtert die spätere Addition

Variationen:
- bis 10 (ohne Würfelbilder)
- Partnerarbeit: ein Schüler zeigt eine Zahl, der Partner zeigt diese mit seinen Fingern und sucht das entsprechende Fingerkärtchen

Rote Chips

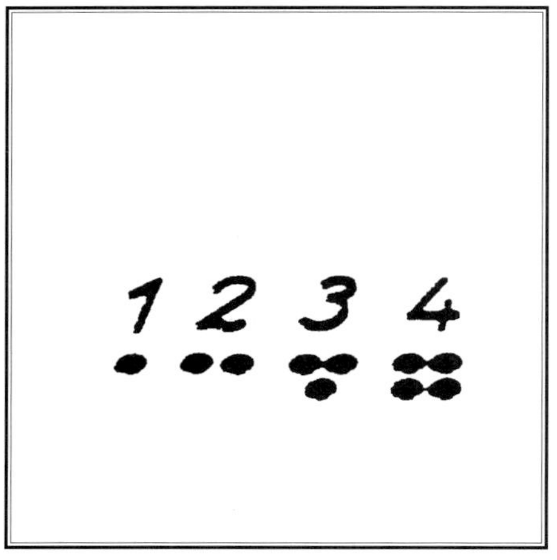

Material: Kästchen mit ausgesägten Ziffern von 1-10 und 55 Chips

Pädagogische Zielsetzung:
- Üben der Zahlenreihe 1-10
- Zuordnen der entsprechenden Mengen
- Legen der Ziffern in der richtigen Raumlage (nicht spiegelverkehrt)
- Begriffe: mehr-weniger

Handhabung/Kontrolle:
- Legen der Ziffern in der richtigen Reihenfolge und Raumlage
- Legen der entsprechenden Menge Chips unter jede Zahl (Anordnung der Chips beachten)
- Selbstkontrolle: fehlende oder übrige Chips oder:
- für schwächere Schüler: Kontrollblatt zum Auflegen

Herstellung/Beschaffung:
- Montessori-Material oder:
- Holzziffern, Wendeplättchen
- Kontrollblatt herstellen durch Umfahren von Ziffern und Chips oder Wendeplättchen

Sonderpädagogische Hinweise:
- Differenzierung durch Anzahl vorgegebener Ziffern/Chips
- bei schwächeren Schüler als Hilfe Kontrollblatt zum Auflegen geben

Variationen:
- Kontrollblatt zusätzlich ausmalen

Hunderterkette

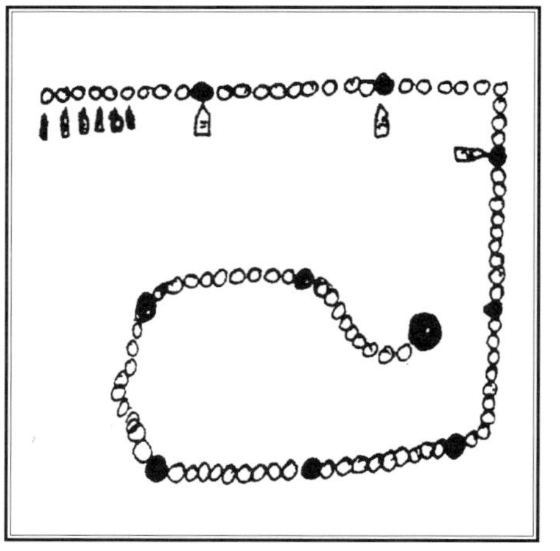

Material: Kette aus 100 Perlen, Zahlpfeile 1-20, Zahlpfeile für Zehnerzahlen

Pädagogische Zielsetzung:
- Erfassen des Zahlenraums bis 100
- Festigung des Zählens bis 100
- Zahlen ordnen
- Zählen in Zehnerschritten

Handhabung/Kontrolle:
- Kette auslegen
- Zählen in Einerschritten bis 2O, Zahlpfeile zuordnen
- Zählen in Zehnerschritten, Zahlpfeile zuordnen
- Kontrolle durch den Lehrer oder Vergleichszahlenreihe

Herstellung/Beschaffung:
- Hundert dicke Perlen auffädeln, jede zehnte Perle ist dunkel
- Zahlpfeile herstellen: grün für alle Zahlen bis 19, blau für alle Zehnerzahlen, rot für den Hunderter

Sonderpädagogische Hinweise:
- Kette mit dem Schüler anfertigen

Variationen:
- Hinzunahme weiterer Zahlpfeile 21-29,.....
- Ablesen von Vorgänger und Nachfolger
- Zahlenreihe abschreiben: sehr motivierend sind dabei lange Papierrollen, die immer weiter abgerollt werden (Wäscheklammer als Befestigung)

Münzen

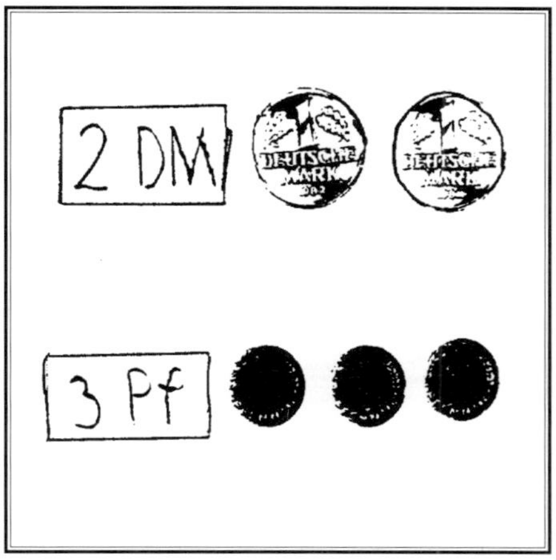

Material: Kästchen mit Mark- und Pfennigstükken, Preisschilder (1,-DM, 2,-DM, 5 PF, 8 PF,.....)

Pädagogische Zielsetzung:
- Unterscheiden von 1DM- und 1PF-Stücken
- Preisschilder lesen, Beträge zuordnen

Handhabung/Kontrolle:
- Preisschildern die richtigen Münzen in entsprechender Anzahl zuordnen
- Selbstkontrolle: bei Fehlern geht Zuordnung nicht auf (evt. Lehrerhilfe)

Herstellung/Beschaffung:
- Preisschilder schreiben, mit Selbstklebefolie beziehen
- entsprechende Anzahl Münzen abzählen

Sonderpädagogische Hinweise:
- Differenzierung durch Anzahl der Preisschilder

Variationen:
- Hinzunahme weiterer Münzen
- Münzen (Fünfmarkstück, Zweipfennigstück,....) auf die Preisschilder aufkleben (Vorbereiten des Wechselns)
- Tip: weitere Anregungen zum Umgang mit Geld: Lit 1)

Wechseln *

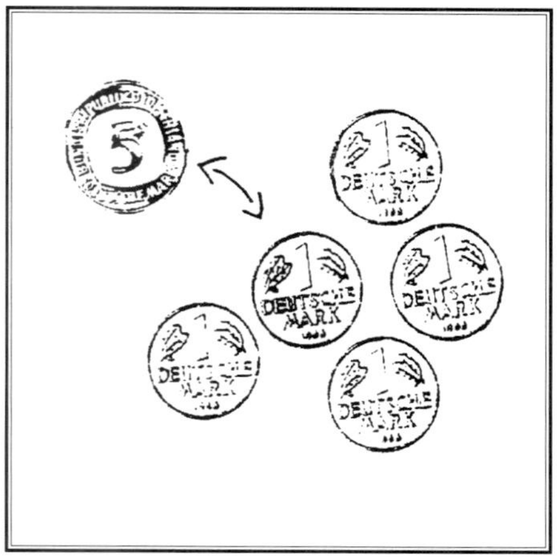

Material: 1 Kästchen mit: Einmark- und Einpfennigstücken, 1 Kästchen mit Fünfmarkstück, Zweimarkstück, Zweipfennigstück, Fünfpfennigstück

Pädagogische Zielsetzung:
- Wechseln gleicher Geldsorten
- Kenntnis der Wertigkeit ausgewählter Münzen

Handhabung/Kontrolle:
- Partnerarbeit: jeder Schüler ordnet die Geldstücke aus seinem Kästchen
- Schüler wechseln sich gegenseitig
- Kontrolle durch den Partner
- beim Einräumen die Münzen wieder den richtigen Kästchen zuordnen

Herstellung/Beschaffung:
- Spielgeld
- Deckel der Kästchen mit entsprechenden Geldsorten kennzeichnen

Sonderpädagogische Hinweise:
- Differenzierung durch Auswahl und Anzahl der Münzen

Variationen:
- Wechseln von zwei oder mehr Geldsorten untereinander
- Tip: Umtausch von Münzen in nächsthöhere Kategorie in: Lit 3)

Anfangslaute

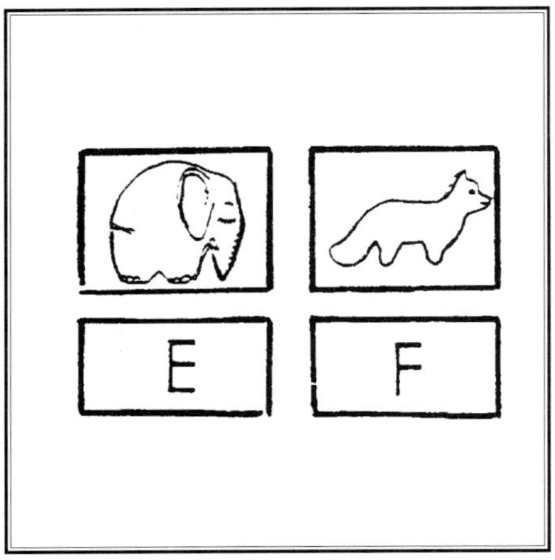

Material: Körbchen mit Holzfiguren, Buchstabenkarten, Briefumschlag mit Kontrollkarten

Pädagogische Zielsetzung:
- Anlaute akustisch identifizieren
- Lautzeichen den Holzfiguren zuordnen

Handhabung/Kontrolle:
- Aufstellen der Holzfiguren
- Zuordnen der Buchstabenkarten
- Briefumschlag mit Kontrollkarten öffnen, zuordnen, vergleichen (auf den Kontrollkarten ist eine Abbildung der Holzfigur mit Anfangsbuchstabe)

Herstellung/Beschaffung:
- hier entnommen aus „Fühle die Buchstaben"
- ebenso möglich: Gegenstände auswählen, entsprechende Kontrollkarten selbst herstellen

Sonderpädagogische Hinweise:
- ausgewählte Gegenstände sollten dem Alter/ Interesse der Schüler entsprechen
- Leistungsdifferenzierung durch Anzahl und Auswahl
- Buchstaben auf Leselehrgang abstimmen

Variationen:
- Schüler suchen zu den Buchstabenkarten zusätzlich selbst Gegenstände im Klassenraum

Legetafel

Material: Legetafeln, Buchstabenkärtchen in Briefumschlägen

Pädagogische Zielsetzung:
- Erlesen von Wörtern
- Wörter nach Lauten abhören

Handhabung/Kontrolle:
- Zuordnen von Bildkarte und Umschlag
- Buchstabenkärtchen aus Umschlag nehmen, diesen umdrehen
- abgebildetes Wort langsam sprechen
- Buchstaben entsprechend in die vorgezeichneten Kästchen legen
- Selbstkontrolle durch Vergleich mit Wort auf dem Umschlag

Herstellung/Beschaffung:
- Bild auf Karteikarte aufkleben, Kästchen für die Buchstabenkärtchen zeichnen, mit Selbstklebefolie überziehen
- Buchstabenkärtchen herstellen
- Briefumschlag beschriften

Sonderpädagogische Hinweise:
- lautgetreue Wörter auswählen
- Steigerung des Schwierigkeitsgrades durch die Länge der Wörter

Variationen:
- Buchstabenkarten alle in einen Umschlag stecken, diesen mit allen Wörtern beschriften

Bild und Wort

Material: Körbchen mit Bildkarten und entsprechenden Wortkarten

Pädagogische Zielsetzung:
- Selbständiges Erlesen einfacher, kurzer Wörter
- oder: Selbständiges Erkennen von Ganzwörtern

Handhabung/Kontrolle:
- Bildkarten anordnen
- Wortkarten lesen und zuordnen
- Selbstkontrolle durch Umdrehen der Karten

Herstellung/Beschaffung:
- Bildkarten auswählen (Lotto, Memorie, Sprechlernspiele,....)
- entsprechende Wortkarten herstellen
- auf der Rückseite farbig kennzeichnen und mit Selbstklebefolie überziehen

Sonderpädagogische Hinweise:
- Wörter entsprechend dem jeweiligen Leselehrgang und Lesevermögen auswählen

Variationen:
- Namen und Fotos der Kinder der Klasse
- Gegenstände und Wörter aus dem Vorhabenunterricht

Auftragsröllchen*

Material: Körbchen mit farbigen, aufgerollten Tonpapierstreifen, die mit kleinen Aufträgen beschriftet sind

Pädagogische Zielsetzung:
- Wecken des Leseinteresses
- Üben des sinnentnehmenden Lesens

Handhabung/Kontrolle:
- Streifen aussuchen, entrollen, Auftrag lesen und ausführen
- Ausführung neben das entsprechende Röllchen plazieren
- Kontrolle durch den Partner oder Lehrer

Herstellung/Beschaffung:
- kurze Aufträge (Male ein Eis, Rufe Hallo, Hole zwei Messer, ...) auf farbige Tonpapierstreifen schreiben
- zusammenrollen, mit Gummi befestigen

Sonderpädagogische Hinweise:
- das Lesen und Ausführen der Aufträge macht viel Spaß, auch den Mitschülern
- der Begriff „Auftrag" muß in der Regel erst erarbeitet werden
- gleiche Farben bei gleichen Auftragswörtern helfen bei der Sinnentnahme (Male – rot, Rufe – gelb,.....)

Variationen:
- längere Aufträge
- Partnerarbeit: Schüler lesen wechselweise vor, der Partner führt aus

Metallne Einsätze

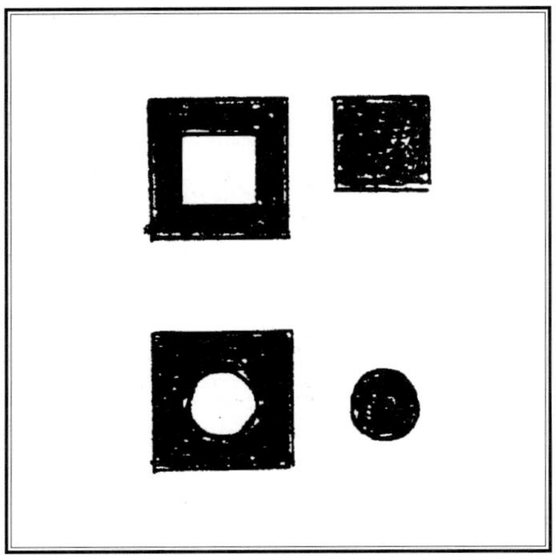

Material: Einsatzformen aus Metall, Papier, Stifte

Pädagogische Zielsetzung:
- Richtiges Halten und Führen des Stiftes
- Einhalten von Begrenzungslinien
- Auge-Hand-Koordination, Feinmotorik
- Vorbereitung der Formen

Handhabung/Kontrolle:
- Herausnehmen der Einsatzfigur aus dem Rahmen (Pinzettengriff)
- Form oder Rahmen mit zwei Fingern umfahren
- Form oder Rahmen auf Papier legen und mit Stift umfahren
- Kontrolle durch Vergleich der Zeichnung mit der Form

Herstellung/Beschaffung:
- Montessori Material: Metallne Einsätze

Sonderpädagogische Hinweise:
- das Umfahren des Rahmens ist leichter (Innenform)
- oben beginnen, die Bewegung nach links ausführen (Schreibvorbereitung)
- Bei der Einführung darauf achten, daß die Schüler den Rahmen fest auf das Papier drücken (Problem des Verrutschens)

Variationen:
- Ausmalen der gezeichneten Formen
- Ausfüllen der Formen mit Strichmustern
- Formen ausschneiden und damit gestalten

Sandtablett *

Material: Holztablett mit feinem Sand, Fühlbuchstaben

Pädagogische Zielsetzung:
- Schulung der richtigen Schreibbewegung
- Festigung der Buchstaben durch die Verbindung von Form und Laut

Handhabung/Kontrolle:
- Fühlbuchstaben auswählen und nachspuren
- Buchstaben mit Finger in den Sand spuren
- Kontrolle durch Vergleich der Vorlage
- durch leichtes Schütteln des Tabletts den Sand wieder glätten

Herstellung/Beschaffung:
- Fühlbuchstaben aus „Fühle die Buchstaben“ (siehe Lit)
- oder Montessori Sandpapierbuchstaben

Sonderpädagogische Hinweise:
- beliebige Wiederholungen möglich
- Sand spricht die Schüler als Fühlmaterial sehr an

Variationen:
- statt Sandtablett: Tischtafel, Kreide
- Partnerspiel: Schüler ertasten wechselweise einen Buchstaben, der Partner kontrolliert

Vogelhaus

Material: Materialschälchen mit Fotokartonstreifen, Legetafel

Pädagogische Zielsetzung:
- Erfassen von Formen und ihrer Raumlage
- Zusammenfügen von Formen zu gegenständlichen Darstellungen (vorstrukturierte Gestaltungsaufgabe)
- Hinführung zum gegenständlichen Zeichnen

Handhabung/Kontrolle:
- Fotokartonstreifen betrachten (Länge, Breite) und durch Legen auf die vorgezeichneten Formen zu einem Vogelhaus zusammenfügen
- Selbstkontrolle: bei Fehlern geht Zuordnung nicht auf

Herstellung/Beschaffung:
- Vogelhaus aufzeichnen, Streifen ausschneiden
- Legetafel durch Umfahren der Streifen herstellen

Sonderpädagogische Hinweise:
- Material sollte aus Vorhabenunterricht erwachsen, hier: Vögel im Winter

Variationen:
- Streifen ohne Legetafel zu einem Vogelhaus zusammenfügen
- Vogelhaus zeichnen

Nestbau

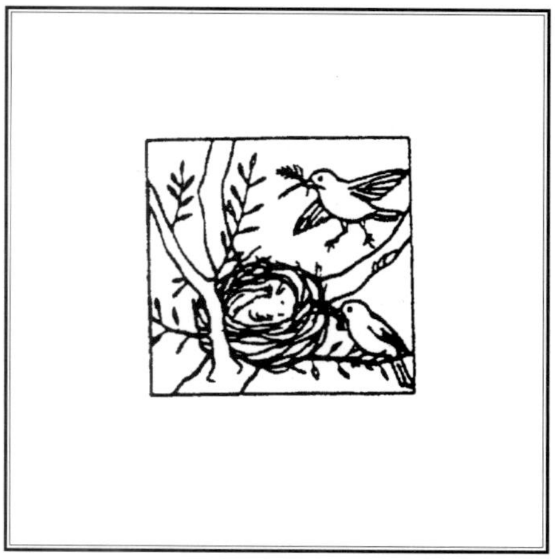

Material: 6 Bildkarten „vom Nestbau bis zum Flüggewerden" (Bildfolge)

Pädagogische Zielsetzung:
- Erfassen von bildlichen Darstellungen
- Ordnen einer Bildfolge entsprechend dem sachlogischen Ablauf

Handhabung/Kontrolle:
- Bildkarten ungeordnet hinlegen
- die einzelnen Bildkarten so heraussuchen, daß ihre Reihenfolge dem sachlogischen Handlungsablauf entspricht
- Selbstkontrolle durch Numerierung auf der Rückseite
- oder durch Vergleich mit einer Vorlage

Herstellung/Beschaffung:
- Bildfolge entnommen aus: Praxis Vorschulerziehung

Sonderpädagogische Hinweise:
- Material setzt voraus, daß die Schüler den Handlungsablauf kennengelernt haben

Variationen:
- für schwächere Schüler Bilder einer Vorlage zuordnen und auflegen
- Bildfolgen zu anderen Themen oder Handlungsabläufen

Körperteilememorie *

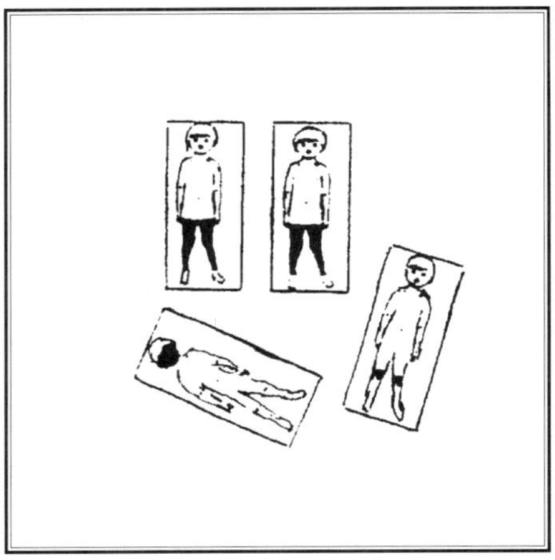

Material: Bildkarten mit Körperumrissen, auf denen einzelne Körperteile farbig gekennzeichnet sind, paarweise gleich

Pädagogische Zielsetzung:
- Kennen der Körperteile
- Erkennen, welcher Körperteil farbig gekennzeichnet ist
- Zuordnen gleicher Bildkarten

Handhabung/Kontrolle:
- Bildkarten ungeordnet hinlegen
- gleiche Bildkarten heraussuchen und Paare bilden
- Selbstkontrolle: Zuordnung geht bei Fehlern nicht auf (bei schwächeren Schülern Kontrolle durch den Lehrer)

Herstellung/Beschaffung:
- Körperumriß zeichnen und vervielfältigen
- paarweise ausgewählte Körperteile colorieren: Beine, Arme, Hals, Knie, Bauch, Gesicht, Hände,........
- Karten mit Selbstklebefolie überziehen

Sonderpädagogische Hinweise:
- dem Einsatz des Materials sollten Ubungen zum Bewußtmachen des Körperschemas vorausgehen, Material hier entstanden im Vorhabenunterricht „Unser Körper“
- Differenzierung durch Auswahl und Anzahl der Bildkarten

Variationen:
- Partnerarbeit: Memorie
- Zuordnen Bildkarten- Wortkarten

Frühstückslotto *

Material: Auflegekarte, Bildkarten mit Frühstückszutaten

Pädagogische Zielsetzung:
- Erkennen von Frühstückszutaten auf Abbildungen
- Zuordnen von Bildkarten zu den Abbildungen der Auflegetafel

Handhabung/Kontrolle:
- Bildkarten zuordnen und auflegen
- Selbstkontrolle: bei Fehlern geht die Zuordnung nicht auf (bei schwächeren Schülern Kontrolle durch den Lehrer)

Herstellung/Beschaffung:
- Bildkarten und Auflegetafel herstellen und mit Selbstklebefolie überziehen (Honig, Brot, Butter, Marmelade, Quark, Tee, Käse,...)
- Kopiervorlage in: Frühstücke wie ein König, Kreisel-Mappe, Dreieck-Verlag,Wiltingen

Sonderpädagogische Hinweise:
- Voraussetzung: Bezug durch Vorhabenthema
- Differenzierung durch Anzahl und Auswahl der Karten

Variationen:
- Partnerarbeit: Memorie (zweiter Satz Karten)
- Zuordnung Bildkarten-Wortkarten
- Zuordnung Bildkarten-Verpackung der Zutaten

Straße *

Material: Spielplan mit Straße, Bordstein, Radweg, Gehweg; Körbchen mit Verkehrsteilnehmern

Pädagogische Zielsetzung:
- Unterscheiden Straße, Bordstein, Gehweg, Radweg
- Unterscheiden von Verkehrsteilnehmern
- Zuordnen
- Wortschatzübung

Handhabung/Kontrolle:
- Verkehrsteilnehmer aussuchen, richtig auf dem Spielplan anordnen
- Verkehrsteilnehmer agieren lassen
- Kontrolle durch den Lehrer

Herstellung/Beschaffung:
- Straße, Bordstein, Gehweg, Radweg auf Pappe aufmalen, Rad- und Gehweg mit Verkehrsschildern kennzeichnen, Plan mit Selbstklebefolie überziehen
- Verkehrsteilnehmer: Modellautos, Playmobilfiguren

Sonderpädagogische Hinweise:
- Voraussetzung: Erarbeitung der Verkehrsteilnehmer und des Spielplans in der Verkehrserziehung

Variationen:
- als Partnerarbeit
- Hinzunahme ausgewählter Fahrzeugarten: Feuerwehr, Postauto, Bagger, Müllauto, ...

Fahrrad

Material: Bildkarten mit Fahrradteilen; große Bildkarte eines Fahrrades, auf dem diese Teile fehlen

Pädagogische Zielsetzung:
- Kennen der Teile des verkehrssicheren Fahrrades
- Wissen, wo sich die Teile am Fahrrad befinden

Handhabung/Kontrolle:
- Bildkarten auf der Karte „Fahrrad“ richtig anordnen
- Selbstkontrolle durch Vergleichsblatt

Herstellung/Beschaffung:
- Fahrradteile: Klingel, Rückstrahler, Scheinwerfer, Reflektoren, Bremse auf Bildkarten übertragen
- Fahrrad mit und ohne diese Teile aufzeichen
- Materialien mit Selbstklebefolie überziehen

Sonderpädagogische Hinweise:
- Material eignet sich für Schüler, die Fahrrad fahren können

Variationen:
- Fahrradpuzzle
- Arbeitsblatt: fehlende Teile einzeichnen
- Zuordnen Bildkarten- Wortkarten
- Tip: Abbildungen zum Übertragen in: Arbeitshefte zur Verkehrserziehung der Deutschen Verkehrswacht

Tücher °

Material: Karton mit Chiffontüchern in allen Farben

Pädagogische Zielsetzung:
- Entwickeln von Formvorstellungen
- Hinführung zum gegenständlichen Malen
- Förderung der Kreativität

Handhabung/Kontrolle:
- Aussuchen von Tüchern
- Anordnen der Tücher zu Mustern oder gegenständlichen Darstellungen
- Kontrolle entfällt (Lehrer kann Anregungen geben)

Herstellung/Beschaffung:
- Angebote in Kaufhäusern ausnutzen

Sonderpädagogische Hinweise:
- Voraussetzung: Erfahrung der Schüler im Gestalten mit Tüchern, hier erwachsen aus: Aquarellehrgang und meditativen Übungen im Religionsunterricht
- Aufräumen des Arbeitsplatzes impliziert Faltübung
- für Schwerbehinderte: Materialerfahrung: Tücher fühlen, zusammenknüllen, „aufblühen lassen", hochwerfen-schweben, schwingen,.........

Variationen:
- ein Thema vorgeben (zum Beispiel Blume), durch Bilder Anregungen geben

Aquarellmalen

Material: Aquarellblock, Wasserbecher, Pinsel, Aquarellfarben

Pädagogische Zielsetzung:
- Übung des Umgangs mit Pinsel und Farbe (Pinselhaltung, Dosierung)
- Übung des Malens einfacher Motive: Blumen, Baum,...
- Förderung der Kreativität durch Gestalten der Motive

Handhabung/Kontrolle:
- Malen in Naß-in-Naß-Technik
- Kontrolle entfällt (Lehrer kann Anregungen geben)

Herstellung/Beschaffung:
- Material in Fach- und Bastelgeschäften erhältlich

Sonderpädagogische Hinweise:
- Voraussetzung: viel Erfahrung und hoher Selbständigkeitsgrad im Umgang mit dem Material und der Technik, hier erwachsen aus: Aquarellehrgang
- für schwächere Schüler: Experimentieren mit Farbverläufen

Variationen:
- Malen mit anderen Utensilien: Buntstifte, Wachsmalstifte, Wasserfarben

Märchenwolle °

Material: Körbchen mit ungesponnener Schafwolle in mehreren Farben, Auflage aus Sackleinen

Pädagogische Zielsetzung:
- das Weiche und Warme der Wolle empfinden
- Entwickeln von Vorstellungen
- Gestalten eines Bildes mit Märchenwolle
- Entwickeln von Kreativität

Handhabung/Kontrolle:
- von der Wolle kleine Bäuschchen abziehen
- diese in kleine Flocken zupfen
- die Flocken auf die Unterlage reiben
- durch Anordnen der Flöckchen ein Bild gestalten
- Kontrolle entfällt, Lehrer kann Anregungen geben

Herstellung/Beschaffung:
- Wolle: in Läden, die Waldorfspielzeug führen oder bestellen: Firma Seehawer OHG, Sonnenhalde 9, Tübingen; oder: Weberwerkstätten, Ralf Weber, Limbacherstr.47, Kircheib-Tente
- als Unterlage eignen sich rauhe Gewebe: fester Wollstoff, Filz, Sackleinen

Sonderpädagogische Hinweise:
- die Wolle löst beim Anfassen sehr angenehme Gefühle aus, eignet sich gut für Schüler mit Verhaltensproblemen
- für Schwerbehinderte: Materialerfahrung: fühlen, zerpflücken, zusammendrücken, rollen, ziehen, ...

Variationen:
- Schüler malen erst ein Motiv auf und gestalten es dann aus oder Lehrer legt Motive bereit

Knete°

Material: Unterlage, Knete,

Pädagogische Zielsetzung:
- Schulung von Finger-, Hand- und Armbewegungen
- Entwickeln von Vorstellungen und deren Ausformung mit Knete
- Fördern der Kreativität

Handhabung/Kontrolle:
- Knete mit den Händen weich machen
- mit Knete gestalten
- Kontrolle entfällt, Lehrer kann Anregungen geben

Sonderpädagogische Hinweise:
- Knete entspricht dem Urbedürfnis nach Formen und Mantschen
- für Schwerbehinderte: Materialerfahrung: Knete drücken, klopfen, Finger hineinbohren, zerpflücken

Variationen:
- Anregen zu Grundformen: Kugel, Platte, Rolle
- Ausstechen von Figuren mit Formen

Tip: Knete läßt sich leicht selbst herstellen. Selbstgemachte Knete bleibt, luftdicht aufbewahrt, gut formbar und hat einen hohen Aufforderungscharakter.
Rezept in: Dank, Susanne: Probier's mal mit Musik, Dortmund 1995, S. 258

– • –

Tip: Anregungen zum Umgang mit Märchenwolle in:
Gestalten mit farbiger Wolle, Verlag Freies Geistesleben

Literaturverzeichnis

Grampp, Gerd: Alternatives Lernen mit geistig behinderten Schülern, In: Lernen durch Handeln, Pädagogische Schriftenreihe Bd 4, Stuttgart 1982

Breuer, Gisela: Freie Arbeit im 1. und 2. Schuljahr, Prögel-Praxis 132, Oldenburg 1988

Schnabel, Joachim: Freie Arbeit im 3.und 4.Schuljahr, Prögel-Praxis173, Oldenburg 1996

Potthoff, Willy: Grundlage und Praxis der Freiarbeit, Reformpädagogische Schriften, Freiburg 1990

Kultusministerium Rheinland-Pfalz: Richtlinien und Lehrplan. Schule für Geistigbehinderte Grünstadt 1980

Staatsinstitut für Schulpädagogik: Lehrplan und Materialien für den Unterricht in der Schule für Geistigbehinderte, München

In folgenden Büchern finden sich Materialanregungen:

1) Heidjann, Sabine: Geistigbehinderte lernen Möglichkeiten Freier Arbeit im Bereich Umgang mit Mengen, Zahlen und Größen kennen. Übungsreihen für Geistigbehinderte Heft A7, Dortmund 1995
2) Gerve, Friedrich: Freiarbeit, Freiarbeit-Verlag, Lichtenau
3) Fisgus, Christel; Kraft, Gertrud: Hilf mir, es selbst zu tun, Auer Verlag, Donauwörth 1994
4) Montessori-Material Teil 1, Nienhus Verlag, Zelheim (Niederlande), 1986
5) Montessori-Material Teil2, s.o.
6) Montessori-Material Teil3, s.o.
7) Dank, Susanne: Geistigbehinderte lernen die Uhr im Tagesablauf kennen, Übungsreihen für Geistigbehinderte, Heft A1
8) Dank, Suanne: Geistigbehinderte lernen den Umgang mit dem Längenmaß, s.o., Heft A5
9) Berres-Weber: Geistigbehinderte lesen ihren Stundenplan, s.o., Heft B2

Bezugsquellen für Freiarbeitsmaterial und Verlagsadressen finden sich in: 1) und 2) der Literaturliste

Quellenverzeichnis:

Die nachstehenden vom Autor vorgestellten Materialideen wurden in teilweise veränderter Form folgenden Quellen entnommen (Zahlen beziehen sich auf die Literaturliste):

aus 4) Tasttäfelchen, Wärmekrüge, Glocken, Wasser gießen, Zylinderblock, Rosa Turm, Rote Chips, Numerische Stangen

aus 3) Geräuschdosen, Sandtablett, Auftragsröllchen, Hunderterkette

aus 5) Metallne Einsätze

Anhang Kopiervorlagen

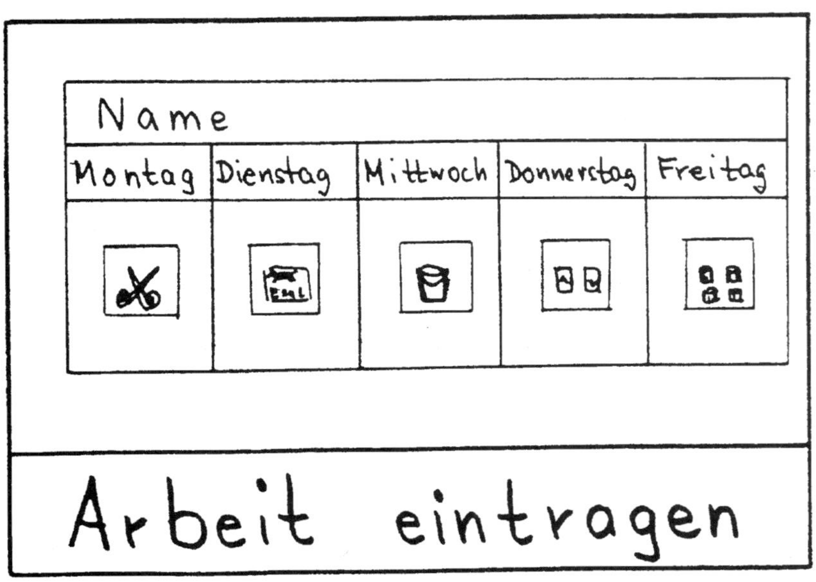

Kopiervorlage 1: Arbeitsregeln nach einer Idee von Gisbert Räuber, Sonderschullehrer (vgl. auch Heidjann, Sabine)

leise

nicht stören lassen

nicht sofort den Lehrer rufen

Stundenplansymbole

Symbol: Freiarbeit

Symbol: Wochenplanarbeit

Protokollbogen: Materialien

Name des Schülers:

Datum/ Woche	Montag	Dienstag	Mittwoch	Donnerstag	Freitag

Freiarbeit

Name: Woche:

Montag	Dienstag	Mittwoch	Donnerstag	Freitag

Vordruck für die Freiarbeitsmappe

Kopiervorlagen 5: Materialsymbolkärtchen

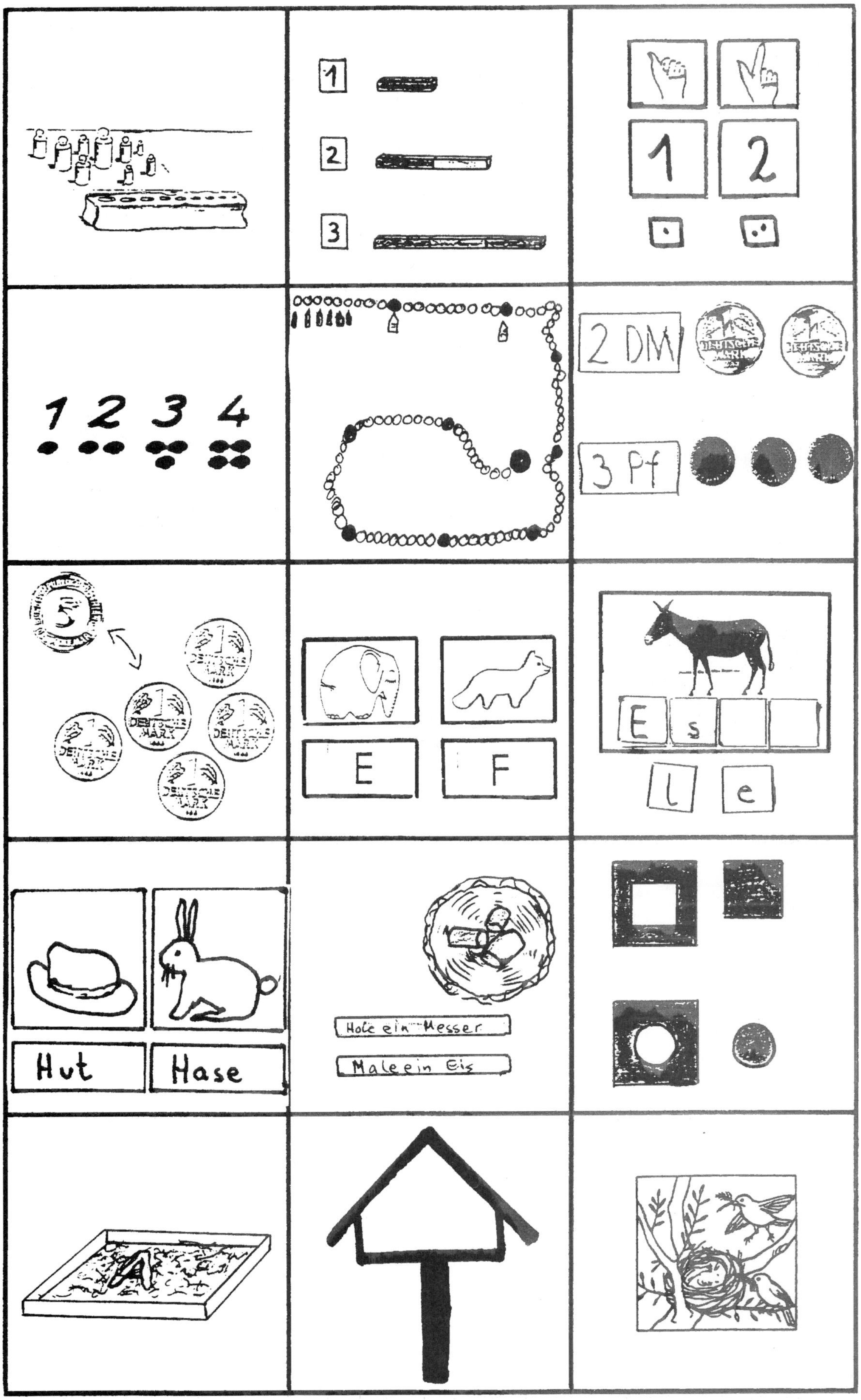
1
2
3
1
2
1 2 3 4
2 DM
3 Pf
E
F
E s
l e
Hut
Hase
Hole ein Messer
Male ein Eis

Milch

Beobachtungsbogen: Freiarbeit

Name:

1. Wahl des Materials: der Schüler
- ☐ sagt vorher, womit er arbeiten möchte
- ☐ zeigt, womit er arbeiten möchte
- ☐ greift zielsicher ein Material heraus
- ☐ wählt aus, indem er verschiedene Materialien anfaßt
- ☐ entscheidet sich mit Lehrerhilfe
- ☐ weiß, welche Materialien für ihn bereit stehen
- ☐ findet seine Materialien
- ☐ findet seine Materialien mit Hilfe

2. Wahl des Arbeitsplatzes: der Schüler
- ☐ sucht sich selbständig einen Arbeitsplatz
- ☐ setzt sich immer auf seinen Stuhl
- ☐ sucht sich eine ruhige Ecke
- ☐ sucht die Nähe eines anderen Schülers
- ☐ ist unentschlossen, benötigt Anregung

3. Wahl der Sozialform: der Schüler
- ☐ arbeitet vorwiegend alleine
- ☐ bevorzugt Partnerarbeit
- ☐ ist variabel
- ☐ wählt stets den gleichen Partner
- ☐ bevorzugt Gruppenarbeit

4. Arbeitsbeginn: der Schüler
- ☐ beginnt sofort zu arbeiten
- ☐ beginnt zu arbeiten, wenn alle Schüler ihr Material haben
- ☐ wartet auf eine Aufforderung des Lehrers

5. Arbeitsphase

5.1. Material: der Schüler
- ☐ benutzt das Material sachgerecht
- ☐ verwendet das Material zweckfremd
- ☐ erreicht das im Material liegende Ziel
- ☐ benutzt die Selbstkontrolle sachgerecht
- ☐ benötigt die Hilfe des Lehrers
- ☐ arbeitet selbständig

5.2. Arbeitsverhalten: der Schüler
- ☐ ist leicht ablenkbar
- ☐ ist sehr konzentriert
- ☐ ist wechselhaft
- ☐ macht Pausen
- ☐ arbeitet ohne Unterbrechung
- ☐ wiederholt seine Arbeit
- ☐ benötigt die Nähe des Lehrers zum Arbeiten

5.3. Verhalten: der Schüler
- ☐ hält sich an die Regeln
- ☐ stört aktiv
- ☐ steht während der Arbeit auf

5.4. Verhalten in Partner- oder Gruppenarbeit: der Schüler
- ☐ ist sehr dominant
- ☐ paßt sich an
- ☐ spricht sich ab
- ☐ stört
- ☐ arbeitet sach- und partnerbezogen

6. Abschlußphase: der Schüler
- ☐ beendet seine Arbeit
- ☐ braucht die Bestätigung des Lehrers
- ☐ räumt seinen Arbeitsplatz auf
- ☐ braucht die Hilfe des Lehrers zum Aufräumen
- ☐ stellt das Material an den dafür vorgesehenen Platz
- ☐ findet den Materialplatz nur mit Lehrerhilfe
- ☐ findet das entsprechende Symbolkärtchen
- ☐ klebt das Symbolkärtchen richtig in die Freiarbeitsmappe
- ☐ benötig bei den Symbolkärtchen Hilfe
- ☐ schaut, wenn er fertig ist, anderen bei der Arbeit zu
- ☐ holt sich, wenn er fertig ist, etwas zum Spielen

7. Reflexion: der Schüler
- ☐ zeigt und erzählt dem Lehrer
- ☐ zeigt und erzählt auch den Mitschülern
- ☐ interessiert sich für die Arbeit anderer
- ☐ äußert Vorstellungen, was er morgen/nächste Woche arbeiten möchte